MAURICE MERLEAU-PONTY

A união da alma e do corpo

em Malebranche, Biran e Bergson

FILŌ

A alma e as formas
Ensaios
Georg Lukács

A aventura da filosofia francesa no século XX
Alain Badiou

Ciência, um Monstro
Lições trentinas
Paul K. Feyerabend

Em busca do real perdido
Alain Badiou

Do espírito geométrico e da arte de persuadir
Blaise Pascal

A ideologia e a utopia
Paul Ricœur

O primado da percepção e suas consequências filosóficas
Maurice Merleau-Ponty

A teoria dos incorporais no estoicismo antigo
Émile Bréhier

A sabedoria trágica
Sobre o bom uso de Nietzsche
Michel Onfray

Se Parmênides
O tratado anônimo De Melisso Xenophane Gorgia
Barbara Cassin

FILŌAGAMBEN

Bartleby, ou da contingência
Giorgio Agamben
seguido de *Bartleby, o escrevente*
Herman Melville

A comunidade que vem
Giorgio Agamben

O homem sem conteúdo
Giorgio Agamben

Ideia da prosa
Giorgio Agamben

Introdução a Giorgio Agamben
Uma arqueologia da potência
Edgardo Castro

Meios sem fim
Notas sobre a política
Giorgio Agamben

Nudez
Giorgio Agamben

A potência do pensamento
Ensaios e conferências
Giorgio Agamben

O tempo que resta
Um comentário à *Carta aos Romanos*
Giorgio Agamben

FILŌBATAILLE

O erotismo
Georges Bataille

O culpado
Seguido de *A aleluia*
Georges Bataille

A experiência interior
Seguida de *Método de meditação e Postscriptum 1953*
Georges Bataille

A literatura e o mal
Georges Bataille

A parte maldita
Precedida de *A noção de dispêndio*
Georges Bataille

Teoria da religião
Seguida de *Esquema de uma história das religiões*
Georges Bataille

Sobre Nietzche vontade de chance
Georges Bataille

FILŌBENJAMIN

O anjo da história
Walter Benjamin

Baudelaire e a modernidade
Walter Benjamin

Imagens de pensamento Sobre o haxixe e outras drogas
Walter Benjamin

Origem do drama trágico alemão
Walter Benjamin

Rua de mão única Infância berlinense: 1900
Walter Benjamin

Walter Benjamin
Uma biografia
Bernd Witte

Estética e sociologia da arte
Walter Benjamin

FILŌESPINOSA

Breve tratado de Deus, do homem e do seu bem-estar
Espinosa

Espinosa subversivo e outros escritos
Antonio Negri

Princípios da filosofia cartesiana e Pensamentos metafísicos
Espinosa

A unidade do corpo e da mente
Afetos, ações e paixões em Espinosa
Chantal Jaquet

FILŌESTÉTICA

O belo autônomo
Textos clássicos de estética
Rodrigo Duarte (Org.)

O descredenciamento filosófico da arte
Arthur C. Danto

Do sublime ao trágico
Friedrich Schiller

Íon
Platão

Pensar a imagem
Emmanuel Alloa (Org.)

FILŌMARGENS

O amor impiedoso
(ou: Sobre a crença)
Slavoj Žižek

Estilo e verdade em Jacques Lacan
Gilson Iannini

Introdução a Foucault
Edgardo Castro

Kafka
Por uma literatura menor
Gilles Deleuze
Félix Guattari

Lacan, o escrito, a imagem
Jacques Aubert, François Cheng, Jean-Claude Milner, François Regnault, Gérard Wajcman

O sofrimento de Deus
Inversões do Apocalipse
Boris Gunjevic
Slavoj Žižek

Psicanálise sem Édipo?
Uma antropologia clínica da histeria em Freud e Lacan
Philippe Van Haute
Tomas Geyskens

ANTIFILŌ

A Razão
Pascal Quignard

FILŌ autêntica

MAURICE
MERLEAU-PONTY

A união da alma e do corpo
em Malebranche, Biran e Bergson

1ª reimpressão

Notas tomadas no curso de Maurice Merleau-Ponty na
Escola Normal Superior (1947-1948).
Recolhidas e redigidas por Jean Deprun

TRADUÇÃO Sílvio Rosa Filho, Thiago Martins

Notas tomadas durante cursos ministrados na Escola Normal Superior (1947-1948), coletadas e redigidas por J. Deprun
http://www.vrin.fr

Título original: *L'union de l'âme et du corps chez Malebranche, Biran et Bergson*

COORDENADOR DA COLEÇÃO FILÔ
Gilson Iannini

EDITORA RESPONSÁVEL
Rejane Dias

EDITORA ASSISTENTE
Cecília Martins

REVISÃO
Lúcia Assumpção

LEITURA FINAL
Jean D. Soares

PROJETO GRÁFICO
Diogo Droschi

CAPA
Alberto Bittencourt
(sobre reprodução de Leda e o Cisne, *c. 1880-1882, de Paul Cézanne)*

DIAGRAMAÇÃO
Larissa Carvalho Mazzoni

Dados Internacionais de Catalogação na Publicação (CIP)
(Câmara Brasileira do Livro, SP, Brasil)

Merleau-Ponty, Maurice, 1908-1961.
A união da alma e do corpo em Malebranche, Biran e Bergson / Maurice Merleau-Ponty ; notas tomadas no curso de Maurice Merleau-Ponty na Escola Normal Superior (1947-1948) ; recolhidas e redigidas por Jean Deprun ; tradução Sílvio Rosa Filho, Thiago Martins. -- 1. ed. 1. reimp. -- Belo Horizonte: Autêntica Editora, 2017. -- (Filô)

Título original: L'union de l'âme et du corps chez Malebranche, Biran et Bergson
Bibliografia.
ISBN 978-85-8217-800-3

1. Bergson, Henri, 1859-1941 2. Maine de Biran, Pierre, 1766-1824 3. Malebranche, Nicolas, 1638-1715 4. Mente e corpo 5. Monismo I. Deprun, Jean. II. Título III. Série.

15-11032 CDD-128.2

Índices para catálogo sistemático:
1. Alma e corpo : Relações : Filosofia 128.2

GRUPO AUTÊNTICA

Belo Horizonte
Rua Carlos Turner, 420
Silveira . 31140-520
Belo Horizonte . MG
Tel.: (55 31) 3465 4500

São Paulo
Av. Paulista, 2.073,
Conjunto Nacional, Horsa I
23° andar . Conj. 2301 .
Cerqueira César . 01311-940
São Paulo . SP
Tel.: (55 11) 3034 4468

Rio de Janeiro
Rua Debret, 23, sala 401
Centro . 20030-080
Rio de Janeiro . RJ
Tel.: (55 21) 3179 1975

www.grupoautentica.com.br

Sumário

Prólogo da primeira edição

Jean Deprun

Em 1947-1948, os nomes de Malebranche, Biran e Bergson se encontraram no programa de agregação de filosofia.[1] Maurice Merleau-Ponty, que ensinava então na Faculdade de Letras de Lyon e na Escola Normal Superior, consagrou ao problema da união da alma e do corpo nesses três filósofos um curso proferido paralelamente em Lyon e em Paris. O curso compreendia (ao menos na versão parisiense) aulas magistrais, devolutivas de exposições (nossos capítulos IV a VIII) e devolutivas de explicações de textos (nossos capítulos XIII a XV). Como as notas do autor não foram encontradas, tampouco as dos ouvintes de Lyon, tentou-se aqui restabelecer a substância desse curso com a ajuda dos ouvintes de Paris que as conservaram. Às suas próprias anotações, o redator pôde juntar as de André Doazan, Jean-Louis Dumas, Jean Jolivet, François Ricci, Etienne Verley. Somos gratos por sua fraternal generosidade.

[1] Concurso nacional francês para seleção de professores na rede pública de ensino médio. (N.T.)

A palavra de Merleau-Ponty, sóbria e firme, deixara, frequentemente, ecos estritamente idênticos nos cadernos dos estudantes. A tarefa do redator foi fácil, então. Quando as versões divergiam, ele escolheu aquela que lhe parecia mais clara e explícita. Como nenhuma divergência afetou o fundo das ideias e das interpretações, o leitor pode ao menos estar certo de que o pensamento de Merleau-Ponty não sofreu deformação. Nem sempre se ouvirá Merleau-Ponty falar, mas se seguirá sempre o movimento de sua meditação.

Ao mesmo tempo em que observa uma atitude de historiador objetivo, Maurice Merleau-Ponty não podia fazer abstração das suas preocupações filosóficas pessoais. Ao mesmo tempo em que é uma retrospectiva histórica, este curso é uma meditação sobre a insuficiência do idealismo intelectualista e sobre a necessidade, pressentida em vários aspectos por Malebranche, Biran e Bergson, de um "primado da percepção".

Com vistas a facilitar a tarefa do leitor, normatizaram-se as referências dos textos citados remetendo às edições críticas mais recentes: para Malebranche, à edição das obras completas (Paris: Vrin, 1962-1968); para
8 Bergson, à edição | do Centenaire (Paris: PUF, 1959). As citações de Maine de Biran remetem à edição Tisserand, publicada enquanto Merleau-Ponty estava vivo.[2]

Este trabalho foi empreendido graças à amigável instigação de André Robinet. A senhora Merleau-Ponty aprovou o nosso desígnio. Que ela nos permita endereçar-lhe a expressão de nossa respeitosa gratidão.

---

[2] Como a edição Tisserand está esgotada, oferecemos, também, as referências dos textos citados na edição de Maine de Biran por F. Azouvi (Paris: Vrin, 1984-2002).

Nota sobre a reedição

Posteriormente à primeira publicação (1968) deste curso, as notas tomadas em Lyon, em 1947-1948, por Michel Jouhaud, nos foram comunicadas por seu autor.

Nem em sua substância nem em sua ordem, os dois cursos diferem de modo essencial. Todavia, na versão lionesa, a aula sobre *Malebranche e Maine de Biran* era acompanhada por um excurso intitulado: "Os sentidos e o inconsciente", formando uma aula independente. Esta última será reencontrada em apêndice. Agradecemos vivamente Michel Jouhaud por ter autorizado a sua publicação.[3]

O curso de Paris foi reproduzido tal como se pôde ler em 1968. Limitamo-nos a corrigir os deslizes.

A nota sobre Malebranche, Biran e Bergson foi completada tendo em conta as mais recentes publicações de inéditos.

---

[3] Na margem, as referências são as da paginação original, indicada no texto por uma barra vertical.

| Primeira aula 9

Nota sobre a história da filosofia a propósito de Malebranche, Biran e Bergson

Malebranche pertence a uma série inteiramente outra daquela de que fazem parte Biran e Bergson. Para Malebranche, as relações da alma e do corpo não podem nos ensinar nada de positivo; elas são esclarecidas de fora pela relação da alma com Deus: é a série cartesiana. Para Biran e Bergson, elas introduzem, ao contrário, à relação da alma com Deus: é a série pascaliana.

Em *Spinoza et ses contemporains*, Léon Brunschvicg interpreta Malebranche na perspectiva de Espinosa. Reconhece nele um adepto lúcido do idealismo cartesiano, para quem a geometria representa o saber mais próximo da consciência de Deus. "A inteligência é preferível à fé".[4] "A razão só se incarnou para introduzir, pelos sentidos, os homens à razão".[5] Segundo Brunschvicg, Malebranche teria renunciado simplesmente – diferentemente de Espinosa – a conduzir tal idealismo às suas últimas consequências, ao superar o problema da alma e do corpo. Em Espinosa, o

---

4 *Traité de morale*, I, II, III; *Œuvres complètes* [O.C.], t. XI, p. 34; citado em *Spinoza et ses contemporains*, 3. ed., Paris: 1923, p. 336.

5 Ibid., I, II, XII; *O.C.*, t. XI, p. 35; citado em *Spinoza et ses contemporains*, ed. cit., p. 336.

problema desaparece quando a ilusão da individualidade é suprimida. "Não se tem mais de explicar como o perfeito
10 tornou-se imperfeito; | pois, na realidade absoluta, não há, diante de Deus, um indivíduo que diga *sim* e um indivíduo que diga *não*".[6] Brunschvicg interpreta Malebranche (e Descartes) em relação ao princípio espinosano de que toda determinação é negativa, e o malebranchismo aparece, então, como uma resistência ao espinosismo (no sentido freudiano da palavra "resistência"). A relação da alma com o corpo deveria, então, ser negligenciada como sendo apenas a constatação de um estado de fato.

Ora, Malebranche distingue muito conscientemente – como nota o próprio Brunschvicg – dois tipos de saber: o saber matemático, as "ciências exatas tais como a aritmética e a geometria", às quais "o receio de cair em erro" nos faria "dar-lhe a preferência", e um saber adquirido unicamente pela experiência, que nos faz conhecer "não as relações das ideias entre si, mas as relações que se tem com elas, e conosco, as obras de Deus pelas quais vivemos".[7] Malebranche se pergunta, então, se é preciso procurar ter ideias claras ou se é preciso compreender as coisas tais como elas são, e a oposição que ele estabelece nos interdita considerá-lo um Espinosa fracassado.

O historiador da filosofia oscila entre dois perigos: o de estar cego, ao comentar literalmente os textos (ele se dispensa então de repensá-los), mas também o de julgar mais como filósofo do que como historiador e então apreciar uma obra através de nossas interpretações. O

---

[6] *Op. cit.*, p. 356.

[7] *Entretiens métaphysiques*, VI; ed. Cuvillier, t. I, p. 181; *O.C.*, t. XII, p. 131; citado por Brunschvicg, *op. cit.*, p. 339.

historiador do cartesianismo é tentado a definir uma lógica do cartesianismo que atravessa e transborda Malebranche para ir até Espinosa, e negligenciar, devido ao mesmo problema, as relações da alma e do corpo em Malebranche. Mas esta lógica objetiva da história da filosofia é obrigatória somente em aparência. O fato é sempre interpretado. O Espinosa que julga Malebranche não é o Espinosa histórico, mas Espinosa interpretado por Brunschvicg. O próprio Brunschvicg admite que há um além do espinosismo, no sentido de que, tanto para Espinosa quanto para Malebranche, "o | problema 11
do idealismo, que se colocará mais tarde para o homem, coloca-se ainda mais [...] unicamente para Deus".[8] Espinosa viu, portanto, o idealismo no espelho de Deus. Seria possível dizer também que Malebranche viu, no espelho de Deus, o problema da existência enquanto esta não é redutível à idealidade. A objeção posta de início é um veredito de Brunschvicg, não um veredito da história.

Será preciso concluir daí que não há nada de objetivo na história da filosofia e que não se pode jamais comparar dois filósofos? Não: pode-se estabelecer objetivamente se Malebranche tinha uma concepção positiva da união da alma e do corpo ou se ele se acomodou como pôde na passagem. Em Descartes, somente três textos insistem na união e um grande número de textos, na distinção. Em Malebranche, o setor das relações da alma e do corpo se torna toda uma região, a do conhecimento por via do sentimento.

Toda a história da filosofia é uma retomada pessoal pelo filósofo do problema que ele estuda; retomada subjetiva, portanto, doutrina e filosofia, narração e

---

[8] *Op. cit.*, p. 347.

reflexão – mas não reflexão livre. É preciso dar conta das relações empíricas, dos documentos existentes, e extrair, ao mesmo tempo, uma verdade que não se oferece ao puro método objetivo. A verdade de Descartes não é o que ele foi empiricamente, tampouco, o resumo dos textos cartesianos; é, conjuntamente, a totalidade do que ele escreveu e o modo pelo qual ele viveu, religados pela intuição que podemos ter de uma verdade que ele procurou expressar. Por exemplo, Descartes se colocou o problema da união da alma e do corpo e afirmou sua distinção; mas pensou, também, que essa distinção devia ser esquecida na vida cotidiana. A objetividade da história da filosofia só se encontra no exercício da subjetividade. O meio de compreender um sistema é colocar-lhe as questões de que cuidamos nós mesmos: é assim que os sistemas aparecem com suas diferenças, que eles atestam se as nossas questões são idênticas às que os seus autores se colocaram.

12 | A história da filosofia é uma confrontação, uma comunicação com os sistemas, análoga à que podemos ter com os homens. Por mais que os filósofos escolham, a sua escolha é sempre acompanhada, como à margem, de uma suspeita daquilo que a escolha deixa de lado. Toda consciência de uma coisa é, ao mesmo tempo, consciência do que não é esta coisa. Cada escolha filosófica se destaca sobre o fundo do que não foi escolhido, e é por aí que os filósofos se comunicam; é este resíduo que mantém o diálogo entre os homens, e, por conseguinte, com a história da filosofia. Nesse espírito, consideraremos os textos de Malebranche sobre a alma e o corpo como tão significativos quanto os outros. Buscaremos o que Malebranche preferiu ver, sem desdenhar o que nele não está na linha reta do cartesianismo.

A união da alma e do corpo em Descartes

A questão da união da alma e do corpo não é, em Descartes, uma simples dificuldade especulativa, como frequentemente se supõe. O problema, para ele, é dar conta de um fato paradoxal: a existência do corpo humano. Na *VIª Meditação*, a união nos é "ensinada" pelos sentimentos de fome, de sede, etc.... que provêm "da mescla do espírito com o corpo"; ora, "todos esses sentimentos [...] não são outra coisa senão certos modos confusos de pensar".[9] Em 1645, Descartes escreve ao padre Mesland: "como não deixa de ser bastante verdadeiro que tenho agora o mesmo corpo que há dez anos, embora a matéria de que ele é composto tenha mudado, porque a unidade numérica do corpo de um homem não depende de sua matéria, mas de sua forma, que é a alma".[10] O corpo não é, então, simplesmente uma massa de matéria: é uma totalidade, mas não no sentido espinosano, isto é, ao modo de uma fórmula constante. O que está em questão em Descartes é apenas a continuidade de uma

[9] *Œuvres de Descartes.* Paris: Vrin, 1996; onze volumes. Org. por Charles Adam e Paul Tannery; tomo IX, p. 64. A partir das próximas notas, a referência a essa edição virá abreviada como A.T., número do volume e da página, respectivamente.

[10] A.T., t. IV, p. 346; *Œuvres et lettres*, ed. Bridoux, p. 1224.

função. Resulta desses textos que Descartes devia se pôr o problema do corpo vivente, "confuso e mesclado",[11] com a alma.

Lembremos três textos fundamentais: 1) A *Carta a Hyperaspistes*, de agosto de 1641: "Si *enim per* corporeum *intelligatur id omne quod potest aliquo modo corpus afficere,*
14 | *mens etiam eo sensu corporea erit dicenda*".[12] 2) A *Carta a Elisabete*, de 28 de junho de 1643. Nela, Descartes explica que se deve tentar conceber a união da alma e do corpo à imagem da união do peso e da extensão na física escolástica. Ora, esta relação permanece impensável, a menos que se dê à alma um tipo de materialidade: "Mas, já que Vossa Alteza observa que é mais fácil atribuir à alma matéria e extensão do que lhe atribuir a capacidade de mover um corpo e de ser movida por ele, sem ter matéria, eu vos suplico atribuir livremente essa matéria e essa extensão à alma; pois isso não é outra coisa senão concebê-la unida ao corpo".[13] 3) A *Carta a Arnauld*, de 29 de julho de 1648: "*Si enim per corporeum intelligamus id quod pertinet ad corpus, quamvis sit alterius naturae, mens etiam corporea dici potest, quatenus est apta corpori uniri*".[14] O primeiro desses textos deveria figurar nas *Respostas às objeções* e, portanto, merece ser tomado muito seriamente.

---

[11] A.T., t. IX, p. 64.

[12] "Pois, *se* por *corpóreo* se entende tudo o que pode, qualquer que seja o modo, afetar o corpo, o espírito, neste sentido, também deverá ser dito corpóreo" (A.T., t. III, p. 424; trad. fr. em *Œuvres et lettres*, ed. Bridoux, p. 1130; *Lettres à Arnauld à Morus*, ed. Lewis, p. 41; *Œuvres philosophiques*, ed. Alquié, t. II, p. 372.

[13] A.T., t. III, p. 694; Bridoux, p. 1160.

[14] "Pois, se por corpóreo entendemos o que pertence ao corpo, ainda que seja de outra natureza, a alma pode também ser dita corpórea, enquanto ela é própria para unir-se ao corpo" (A.T., t. V, p. 223; trad. fr., em Bridoux, p. 1309 e Lewis, p. 91).

Notemos, no entanto, que, em seu contexto, estas fórmulas são sempre acompanhadas por restrições. Cada vez que Descartes afirma, em certo sentido, a corporeidade da alma, acrescenta que a alma não é corpórea no sentido de "aquilo que é composto dessa substância chamada corpo".[15] E a *Carta a Elisabete* precisa que "a extensão dessa matéria [o corpo] é de outra natureza que a extensão desse pensamento [a alma], no que a primeira é determinada em certo lugar, do qual exclui toda outra extensão de corpo, o que a segunda não faz".[16] | Em 15
uma *Carta a Morus*, de 15 de abril de 1649, Descartes parece tentar elaborar filosoficamente a união da alma e do corpo. Distingue uma "extensão de substância" e uma "extensão de potência", esta última pertencendo à alma: "*Quantum autem ad me, nullam intelligo nec in Deo nec in Angelis vel mente nostra extensionem substantiae, sed potentiae duntaxat*".[17] Mas qual pode ser a coerência dessa noção? A alma, vista do corpo, aparece como a se aplicar nesse corpo e dotada de uma extensão por contágio. Mas trata-se apenas da alma dos outros, e não da alma enquanto alma. Nela, de fora, encontra-se o estender-se da extensão [*l'étendue de l'extension*]; de dentro, só é possível captá-la pela reflexão.

Em nenhum lugar, portanto, Descartes sustenta que se possa pensar a união. Não há nada a dizer sobre isso. As noções que ele introduz a esse respeito são míticas,

---

[15] *Lettres à Hyperaspistes*; trad. fr., Alquié, t. II, p. 362.

[16] A.T., t. III, p. 694; Bridoux, p. 1160.

[17] A.T., t. V, p. 342; trad. fr., Bridoux, p. 1334. "Quanto a mim, não concebo nem em Deus nem nos anjos nem em nossa alma, uma extensão de substância, mas somente uma extensão de potência". Lewis (p. 159): "[...] [uma extensão de potência ou uma extensão em] potência".

no sentido platônico da palavra: destinadas a lembrar ao ouvinte que a análise filosófica não esgota a experiência.

A união só pode ser conhecida pela união: "é levando a vida e as conversas usuais, abstendo-se de meditar e estudar as coisas que exercitam a imaginação, é que se aprende a conceber a união da alma e do corpo".[18] Então, põe-se uma nova questão: não mais "como conciliar a união de fato e a distinção de essência", mas "como acontece de haver um setor que não se possa pensar"? A *VIª Meditação* fala de "inclinações naturais" que possuem a sua verdade, porque Deus não é enganador. Mas, se Descartes adota verdadeiramente essa dupla atitude, em relação a Deus e em relação ao mundo, pode ele mantê-la? Se levarmos a sério os andamentos da *Iª Meditação*, não
16 somos levados a considerar a *VIª* como uma | simples aparência? E, inversamente, se se leva a sério a *VIª Meditação*, como os andamentos da *Iª* foram possíveis? Em Descartes, o extremo teísmo (toda a verdade repousa em Deus) se une ao ateísmo prático, porque a veracidade divina, uma vez reconhecida, nos dispensa de voltar a Deus. Se a união da alma e do corpo é um pensamento confuso, como pude descobrir o *cogito*? E, se descobri o *cogito*, como posso ser o sujeito naturado da *VIª Meditação*?

Espinosa tratará como "privativo" o modo de experiência da *VIª Meditação*. Inversamente, Malebranche obscurecerá o *cogito* – que doravante não "mais se desligará" –, de maneira que nem o "eu penso" nem a prova da existência de Deus nos fazem sair de nossa inerência ao sujeito naturado que somos. Assim, definem-se dois modos opostos de reequilíbrio do cartesianismo.

---

[18] *Carta a Elisabeth*, 28/06/1643; A.T., t. III, p. 692; Bridoux, p. 1158.

O *cogito* no sentido estrito, como experiência de mim mesmo

Descartes estabeleceu, entre o pensamento e o ser, um vínculo interior (do qual Gueroult, ao que parece, reduz o alcance, vendo nisso apenas a apreensão de "uma ligação ideal entre [duas] naturezas simples"[19]); não fosse assim, esse vínculo não seria mais certo do que as outras verdades. Se eu penso que eu sou, isso não resulta de um pensamento objetivo que mira no pensamento e no ser, mas é que eu mesmo sou este vínculo e o realizo. Como o escreve – muito justamente desta vez – Gueroult, o *cogito* é "certeza em relação a esta própria certeza".[20] Quando Descartes lembra que, "para pensar, é preciso ser", ele explicita, mas não fundamenta: é a explicitação do movimento pelo qual o pensamento se faz ser. Mas esta atividade só é captável no instante: a pulsação de tempo que sucede o *cogito* me separa de mim mesmo e nada prova que, em seguida, eu deva ainda existir. Descartes, nota Lachièze-Rey, recusou-se "a introduzir no espírito

[19] Cf. *Étendue et psychologie chez Malebranche*. Paris: 1939, p. 11.
[20] *Ibid*.

a unidade intemporal do tempo".[21] E não pôde, portan-
18 to, "instalar-se na lei interior | do pensamento, em sua unidade constituinte".[22] Resta que, no instante do *cogito*, a certeza é perfeita.

Malebranche, ao contrário, apresenta abertamente o *cogito* como suspenso a um princípio. "O Nada[23] não tem propriedades. Penso. Logo, sou".[24] Isso quer dizer que constato a mim mesmo como propriedade de um "x". É preciso que os meus pensamentos sejam propriedade de algo, porque eles não são nada. Qualquer conteúdo de pensamento permitiria operar esse tipo de *cogito*. Malebranche não passa pela dúvida prolongada que faz ressaltar o pensamento enquanto ele se dá o seu ser, mas pratica o inventário de tudo o que se encontra no espírito. Constata que, verdadeiro ou falso, meu pensamento permanece um pensamento. Se ele não é nada, é preciso, então, relacioná-lo a algo. "Se quisermos que haja na alma algo que preceda o pensamento, isso eu não quero disputar".[25] Esta é uma concepção "aberta": Malebranche sequer afirma que o pensamento seja a substância da alma. O *cogito* de Malebranche não me põe em posse de meu pensamento nem me identifica a seu princípio. "Nada é mais certo que o sentimento interior para provar que uma coisa é, mas em nada serve para fazer conhecer o

---

[21] *L'idéalisme kantien*, 2. ed., Paris: 1950, p. 18.

[22] *Ibid*, p. 21. [No original: "s'install[er] dans [la] loi intérieure [de la pensée]." (N.T.)]

[23] O substantivo francês "*néant*" foi traduzido sempre pelo termo "Nada", grafado com maiúscula; o advérbio de negação "*rien*", pelo termo "nada", com minúscula. Quando esse expediente não bastou para evitar ambiguidades, quando "*rien*" por exemplo inicia uma frase, indicamos o termo francês entre colchetes. (N.T.)

[24] *Entretiens métaphysiques*, I, § 1; ed. Cuvillier, t. I, p. 62; *O.C.*, t. XII, p. 32.

[25] *Recherche*, III, I, 1; *O.C.*, t. I, p. 388.

que é".[26] Não capto o meu pensamento em seu traço constituinte e em sua origem. "Não sou minha própria luz". Aliás, este pensamento seria horrível a seus olhos. "Não posso pensar [nisso] sem uma espécie de horror".[27]

O *cogito* no sentido amplo, compreendendo os objetos de pensamento

As ideias que penso não são os meus pensamentos, já que pensar uma ideia não é engendrá-la inteligivelmente. Minhas ideias | me aparecem como que por milagre. É a 19
partir da obscuridade do sentimento de si que se passa à visão em Deus. Esta obscuridade "pode, assim, servir para provar que as ideias que representam algo fora de nós não são modificações de nossa alma".[28] O que vai definir a ideia é que ela está diante de mim, que ela é espetáculo, objeto. Não há ideia confusa; o que há de obscuro em nós vem da alma. Se eu me conheço, será por um tipo de contato cego. Não haverá, portanto, ideia da alma, mas somente da extensão. Essa ideia é luz, jamais coincido com ela; ela se apresenta sempre ao final de uma intenção que vem de mim, mas que a mantém em sua distância. Assim se fundamenta a distinção entre as minhas percepções e as ideias. Não há qualquer relação entre o conteúdo das ideias e o traço que elas deixam em mim.

Não sendo nada, nem minhas, de onde elas vêm? Toda ideia é representação de algo; o que faz dela, simultaneamente, uma luz e algo que não se basta. É um ser representativo, e, portanto, um ser derivado ou

---

[26] *Réponses à Arnauld*, t. I, p. 273-274; *O.C.*, t. VI, p. 162.

[27] *Entretiens métaphysiques*, V, § 4; ed. Cuvillier, t. I, p. 162; *O.C.*, t. XI, p. 115.

[28] *Recherche*, III, II, VII; § 4. *O.C.*, t. I, p. 452. Ver também *Réponses*, t. IV, p. 112 e ss; *O.C.*, I. IX, p. 1076 e ss.

imperfeito. Há o Nada na ideia. Cada ideia se distingue das outras ideias no que as nega. "Minha mão [...] encerra uma infinidade de Nadas".[29] Assim, também, a ideia de extensão nega toda outra perfeição do ser.

Disso resulta que a ideia não pode subsistir por si, e que ela se destaca sobre o fundo de um todo, sobre o qual ela aparece como auferida. A ideia não é inteligível por si. É "representativa de ...", "remetendo a..."; é preciso, então, que haja um inteligível por si, aparecendo atrás das ideias: esse inteligível é Deus. "Não se pode conceber que o ser imenso, o ser universal, possa ser apercebido por uma ideia, isto é, por um ser particular".[30] Deus é captado sem ideia; é sobre o nosso contato com ele que repousa toda a atividade do conhecimento visando às ideias.

Há, portanto, um triplo setor no *cogito*: 1) A cons-
20 ciência | de mim mesmo: eu me toco obscuramente; 2) o conhecimento das ideias visadas por mim; 3) o conhecimento de Deus sem ideia. Deus não é, propriamente falando, provado, se não mediante uma prova por visão simples. O *cogito* malebranchiano compreende, de uma só vez, as três experiências de mim mesmo, das ideias e de Deus. O *cogito* completo é a visão em Deus. Ora, não vemos Deus diretamente: "Não vemos o que Deus veria n'Ele mesmo, quando quis criar o mundo".[31] Se as ideias não são nossas, como podemos pensar algo? O conhecimento não parece possível se não sob a condição de ser explicitativo. Mesmo quando não penso expressamente nelas, as ideias permanecem presentes em meu espírito: "Ele se afasta de tal maneira que não as perde

[29] *Entretiens d'un philosophe chrétien et d'un philosophe chinois*; *O.C.*, t. XV, p. 4.

[30] *Recherche*, III, II, VII, § 2; *O.C.*, t. I, p. 449.

[31] "Terceira carta a Mairan"; ed. Moreau, p. 136; *O.C.*, t. XIX, p. 883.

inteiramente de vista, e quase sempre se acha em estado de buscá-las e de se aproximar delas".[32]

Minha relação com as ideias é, portanto, idêntica à minha relação com o mundo percebido. A relação de horizonte não é o índice de uma possessão total. Só posso esclarecer o horizonte ao deslocar a mim mesmo, o que, aliás, me é incompreensível. Tal é, também, minha relação com as ideias: eu emprego, para vê-las melhor, procedimentos cujo segredo eu mesmo não detenho.

Sendo esta a concepção de Malebranche, surgem graves dificuldades, sublinhadas por Arnauld: "Não sou minha própria luz". Ademais, é preciso que eu veja essa luz da ideia. Malebranche deve convir e falar[33] de uma "razão criada" ("a razão criada, nossa alma, espírito humano, as inteligências mais puras e mais sublimes bem podem ver a luz; mas não podem produzi-la [...]"[34]). Mas se eu sou uma razão criada, é bem eu que penso, e o que foi dito da transcendência da ideia pode ser mantido, o que é ter o sentimento de uma ideia? Tal é, no entanto, a nossa porção. O que é uma razão que se limita a ter um sentimento?

| Malebranche admite em sua *Réponse à Régis*: "os 21
espíritos criados talvez fossem mais exatamente definidos, *substâncias que apercebem o que as toca ou modifica*, ao se dizer simplesmente que são *substâncias que pensam*".[35]

Ademais, como observa Arnauld, Malebranche fala da alma: é preciso, portanto, que dela tenha ideia, de um modo ou de outro. Pode-se concordar com ele

---

[32] *Recherche*, III, II, VII, § 1; *O.C.*, t. I, p. 456.

[33] Em *Troisième entretien métaphysique*.

[34] *Ibid.*, § 4, ed. Cuvillier, t. I, p. 102; *O.C.*, t. XII, p. 64.

[35] *Op. cit.*, cap. II, § 14; *O.C.*, t. XVII, 1, p. 289.

que não possuímos ideia da alma, mas que temos uma ideia da extensão? A obscuridade assim introduzida não vai se estender às outras ideias e afetar a própria ideia do corpo? Pode-se conceder à obscuridade a parte que lhe é devida? "A dor, a cor e outras coisas semelhantes não sendo conhecidas obscura e confusamente senão quando as consideramos por erro como estando fora de nossa alma; disso se segue que as ideias dessas qualidades sensíveis apenas são obscuras e confusas quando são relacionadas ao corpo, como se fossem modificações dele. E, por conseguinte, nada é possível razoavelmente concluir de sua obscuridade contra a clareza da ideia da alma, e isso mais levaria a duvidar da clareza da ideia de extensão".[36]

De resto, Arnauld está errado em ver nessa teoria apenas uma pura inconsequência; Malebranche tentou realmente fazer a teoria de uma consciência de si obscura, mas legítima. Posso concluir uma "pseudoideia" da alma a partir da ideia de extensão: a) *a contrario*, por exclusão, ao afastar da alma tudo o que é relação de distância; b) por analogia, pois posso estender a todo ser criado – portanto, à alma – certas propriedades da extensão, a alma tendo sido criada por Deus sob o mesmo título que os corpos. Mas não se trata de um verdadeiro conhecimento. A alma permanecerá, até o fim, indeterminada, e a ideia que dela teremos permanecerá um semipensamento.

O caso não deixa de evocar as dificuldades da linguagem em geral, notadamente da linguagem natural das emoções, de seus "signos naturais" que asseguram a "comunicação contagiosa". Malebranche usa – *mutatis mutandis* – um procedimento semelhante para edificar a

---

[36] *Des vraies et des fausses idées*, cap. XXIII; 1. ed., Colônia, 1683, p. 257-258.

sua teoria da alma. "Será preciso | [...] tomar cuidado com 22
o fato de que tais relações do espírito e da matéria não são inteiramente precisas, que só se devem comparar ambas as coisas conjuntamente para tornar o espírito mais atento e fazer que os outros sintam aquilo que se quer dizer".[37]

Há, em Malebranche, a intenção deliberada de fazer ingressar na filosofia *o irrefletido*. Somente o fato de que o *cogito* de Descartes tenha sido descoberto em certa data, que ele seja tardio, que seja necessário ensiná-lo, prova que o eu reflexionante não pode ser considerado como eu mesmo. Por outro lado, considero o meu corpo como uma parte de mim mesmo: se eu tivesse uma ideia da alma, isso não seria, e eu não teria de, oferecer este corpo como vítima a Deus. "Se você visse claramente o que você é", diz o Verbo, "você não poderia mais estar unido tão estreitamente com o seu corpo. Você não o veria mais como uma parte de você mesmo".[38] Isso é, portanto, admitir que o nosso corpo é tomado por nós legitimamente.

Malebranche dá conta da atitude natural do homem. Estou orientado naturalmente para o mundo, ignorante de mim mesmo. Não sei, senão por experiência, que posso pensar o passado; minha memória não me é conhecida por apreensão direta de uma operação. Minha referência ao passado não é obra minha. Eu a obtenho: certas lembranças me são dadas. Não sou, portanto, um espírito que domina e desdobra o tempo, mas um espírito que dispõe de alguns poderes, cuja natureza ele não conhece. Não sei jamais o que valho. Se sou justo ou injusto. Há, portanto, um aspecto pelo qual eu sou dado verdadeiramente a mim mesmo, e não princípio de

[37] *Recherche*, I, I, § 1; *O.C.*, t. I, p. 41.

[38] *Méditations chrétiennes*, IX, XIX; *O.C.*, t. X, p. 104.

mim mesmo. Há uma clareza para mim que não implica uma obscuridade, e essa obscuridade sou eu mesmo. Se a minha alma fosse conhecida pela ideia, ser-me-ia preciso uma segunda alma para ter dela ideia. É essencial a uma consciência ser obscura a si mesma, se frente a si tiver uma ideia luminosa.

Malebranche enfrentou o problema da passividade. Herdamos poderes que não são nossos imediatamente; registro os resultados de uma atividade com a qual não
23 me | confundo. Não há, em Malebranche, filosofia do espírito, mas um pensamento simbólico e material da alma. O conhecimento aí perde a sua unidade. A alma é "tocada" pela extensão inteligível. Nenhuma relação interna a une a um espaço que ela não tenha constituído. Cisão inevitável em uma filosofia onde deve haver rodeios para ir de si a si e contato obscuro da alma consigo mesma.

No limite, Malebranche terminaria em uma filosofia que não seria de modo algum a sua, uma filosofia onde seria impossível distinguir a alma e o corpo, a um tipo de simples pensamento aberto. Para que tenha uma saída, é preciso que encontre um meio de restabelecer a racionalidade que não aparece na alma, encontrar um ponto de vista a partir do qual seja claro em si o que é obscuro para nós. O sentimento de si será deslocado para ser situado em Deus.

É o que mostra a sua concepção da liberdade humana. Ele dá à consciência de si mais valor. O sentimento interior que tenho de mim mesmo é suficiente para afirmar a minha liberdade, mas insuficiente para conhecê-la. Por que não temos uma noção interior da liberdade? Esta última nada mais é do que o poder que o homem tem de seguir ou de não seguir o movimento que o leva até Deus. Ora, não temos uma intuição afetiva desse movimento. A liberdade nos une a Deus antes do pecado, e não depois: o homem pecador substitui o movimento rumo ao infinito pela posse indefinida de milhares de bens particulares. Para descrever a situação do homem antes do pecado, Malebranche utilizará, portanto, de um artifício: tendo partido da constatação de uma existência – no sentido forte, isto é, algo de opaco –, ele se recusa a permanecer no irracionalismo e recorre a uma superestrutura teológica, sem relação direta com a nossa situação efetiva, que é decaída. Mas não introduz o pecado da maneira com que Kant introduzirá mais tarde o "mal radical": a natureza humana, nela mesma, é inteiramente racional. Malebranche reconhece a existência do irracional, mas projeta em Deus as condições da racionalidade, as relações claras graças às quais a natureza e o homem se tornam analisáveis.

| Quarta aula

24

Os juízos naturais e a percepção

"Juízo natural" é uma expressão bastarda e ambígua, que evoca duas possibilidades opostas da consciência. De um lado, a consciência é sempre sentimento, jamais coincide consigo mesma e com o conteúdo do meu pensamento: "É necessário que eu me sinta apenas em mim mesmo, quando me toco",[39] mesmo no nível das ideias. Há, entre a consciência sensível e a consciência intelectual, apenas uma diferença na ação da extensão inteligível sobre mim. Mas, de outro lado, o que me define como espírito é o fato de aperceber: "é a mesma coisa, para a alma, receber a maneira de ser que se chama dor e aperceber ou sentir a dor; já que ela só pode receber a dor de outra maneira ao apercebê-la".[40] É impossível, para uma consciência, ser causada: ela só poderá manter relações de apercepção com o que não for ela. Decerto, Malebranche não crê que aperceber seja esclarecer, mas subsiste uma oposição entre "aperceber" e "sentir-se". Tal problema é reencontrado quando se trata dos juízos

[39] *Méditations chrétiennes*, II, IV; *O.C.*, t. X, p. 20.

[40] *Recherche*, I, I, § 1; *O.C.*, t. I, p. 43.

naturais. A consciência formará "juízos livres" quando receber uma leve impressão da ideia de extensão. É a origem de uma "geometria livre". Mas a clareza do juízo não se deve a uma consciência de ligação: assim mesmo,
25 há a distinção | entre a afecção (eu que vejo) e o conteúdo (o que vejo). Ao contrário, há uma confusão dos dois planos quando o toque sofrido por mim é muito forte: nesse momento, ponho extensão em minhas afecções; e, como a alma só pode ser apercepção, é bem preciso que esta seja também um juízo. Mas não apercebo o vínculo entre sujeito e predicado. Buscamos como a alma poderia ser ao mesmo tempo percepção de ideia e sujeito passivo sujeitado ao erro: o juízo natural forma a junção destes dois aspectos da alma.

Alguns deles são sempre falsos (a presença do calor nas mãos), outros, sempre verdadeiros. Esta noção representa uma pedra angular para uma teoria do corpo próprio. Como posso ter consciência dos resultados de uma operação intelectual que se passa fora de mim? Ora, o problema do corpo próprio consiste justamente em que ele é, ao mesmo tempo, meu e outro. A teoria do juízo natural resolve esse problema graças a uma superestrutura teológica: Deus julga em mim, por mim, sem mim e apesar de mim.

Bréhier, em seu estudo sobre "Os juízos naturais em Malebranche",[41] fala de "pseudoproblemas" devidos ao fato de que "Malebranche supõe que as formas e as distâncias são dados da visão".[42] A teoria do juízo natural se torna, portanto, sem objeto, desde que se admita, com Berkeley, que "é com os sólidos conhecidos pelo tato

---

[41] *Revue philosophique,* 1938; reproduzido em *Études de philosophie moderne*. Paris: 1957, p. 72-78.

[42] *Op. cit.*, p. 77.

que a geometria tem de se haver".[43] Isso é desconhecer tudo o que dá um alcance geral a essa teoria, tudo o que a enraíza no pensamento de Malebranche.

A comparação das edições da *Recherche* mostra que, nesse tema, Malebranche passou do idealismo ao ocasionalismo. Estudemos tal dilema.

A) Descartes, no "Discurso VI" de sua *Dióptrica*, interpreta a percepção da profundidade em um espírito intelectualista. A distância de um ponto "x" é apreciada "como que por uma geometria natural" e "por uma ação do pensamento que, | sendo apenas uma imaginação toda 26
simples, não deixa de envolver em si um raciocínio todo semelhante ao que fazem os topógrafos, quando, por meio de duas diferentes estações, medem os pontos inacessíveis".[44] Trata-se, portanto, de um *juízo envolvido*. Nisso há mais que um juízo inconsciente (noção impensável, já que supõe a consciência inconsciente de uma relação verdadeira), nisso há mais finalismo do que idealismo. Considera-se o sujeito percipiente ao passar-se fora dele: atitude de cientista e não atitude do sujeito. Há de se haver com um ponto de vista exterior: Descartes introduz aqui um juízo em si ou para mim, mas não para si. Nas *Meditações*, ao contrário, ele adota uma atitude autêntica, a do homem que faz a experiência da percepção. Aqui aparece o verdadeiro idealismo, aquele em que se deixa de invocar um juízo como um fator ou como uma força. No caso do pedaço de cera, por exemplo, o juízo não é um fator suplementar, um aporte. Ao contrário, o pedaço de cera, enquanto quantidade imutável de extensão, só tem sentido para o espírito. Como diria Alain, "o cubo é julgado", já que a própria definição de

---

[43] *Ibid.*, p. 78.

[44] *Op. cit.*, A.T., t. VI, p. 137-138; Alquié, t. I, p. 707; Bridoux, p. 222.

cubo só tem existência para o pensamento: o cubo jamais é *visto* como cubo. Aqui a percepção é juízo enquanto ela põe em jogo uma potência ponente, que só pode apreender o cubo inteiramente. Assim, também, quando se trata da percepção da grandeza, o idealismo autêntico não consiste em dizer: "há um juízo, porque a grandeza do objeto é deduzida". Ainda aqui, o juízo seria um fator, uma causa psíquica. O idealismo consiste, neste caso, em dizer que só há um sistema total que é o mundo, em que somente uma percepção parcial é possível.

Seria possível dizer ao psicólogo intelectualista: "você conclui a distância da grandeza, e inversamente; mas, por onde se começa?". Isso é introduzir o juízo em sentido puramente causal. O verdadeiro idealismo afirma que há uma percepção da grandeza e da distância, inclusas na posição e na construção do objeto e do universo: para
27 | este idealismo não poderia haver consciência do que quer que fosse sem consciência total do mundo. Não faz sentido falar aqui de percepção sensível. Ora, este verdadeiro idealismo, Malebranche o perdeu de vista: sua teoria da alma lhe interditava. Sua própria teoria, porém, suscita dificuldades internas: o juízo natural não pode ser homogêneo em relação a nenhum outro juízo.

A análise idealista remonta de cada perspectiva a seu geometral, mas as perspectivas estão desprovidas de sentido e destrói-se aquilo que se busca analisar. Transportemo-nos ao "cubo pensado": ele desaparece como cubo. O sujeito não vê o cubo de parte alguma; ele o vê de toda parte. Mas, como um sujeito não situado distinguiria o dentro e o fora, o interior e o exterior de cada quadrado? Assim, também, o que significaria o "movimento perpendicular" para um sujeito não situado? Não se pode passar a um pensamento não situado que se encontraria para além do percebido, nem encontrar o meio de superar o dado sensível por uma operação efetuada em nossa perspectiva.

B) A outra hipótese é a de Malebranche. Quando indícios me são dados, recebo uma conclusão pronta, em virtude de uma lei estabelecida por Deus. Isso é finalismo: eu me beneficio da passagem, feita de uma vez por todas por Deus, do signo à significação. Ora, se é Deus que juga, não sou eu: se ele nos comunica a conclusão sem meio termo, a minha consciência se torna um simples desenrolar finito. Na constância dos objetos, é Deus que mantém a imagem fixa. Não se trata mais de uma constância ideal, mas de uma constância real produzida em mim. Esta finalidade me é exterior e a teoria do juízo natural se torna o equivalente de um empirismo qualquer. De fato, a constância desse radiador, por exemplo, é o fruto de uma identificação praticada *através* da mudança: ora, o idealismo e o realismo suprimem, ambos, o perspectivismo. Para o idealismo, a perspectiva é apenas um não-ser. O realismo, por sua vez, substitui a perspectiva pela captação de uma grandeza real.

| A teoria dos juízos naturais coloca, portanto, 28
um problema muito geral: superar a alternativa entre o idealismo, que me atribui uma consciência imanente do mundo total, e o realismo, em que a consciência é constituída por uma sucessão de estados. As duas concepções passam ao largo do problema. Para o idealismo, será preciso mostrar como tal consciência pura pode receber nela a perspectiva particular do sujeito pensante, engajado no mundo sensível. Tal idealismo era o de Sartre em *A transcendência do ego*; nele, a consciência é "toda leveza, toda translucidez"; não deixa lugar a nenhum "habitante",

nem mesmo ao "Eu".[45] As sensações, assim como o "Eu", estão diante da consciência. Não havia então, para Sartre, o problema do outrem: não estou mais longe de outrem que de meus próprios estados, o que equivale a dizer que outrem está tão perto (ou longe) de mim que eu mesmo. Mas como compreender a relação de tal consciência vazia com a sua *hyle*? O problema era insolúvel, os materiais estavam longe demais da consciência. Tal consciência, que não está vinculada a nenhuma *hyle,* não está em parte alguma; ela é divina. Se a inerência à *hyle* é levada a sério, não é mais possível ater-se a uma análise bipartida. Seja a análise de *O imaginário*: nele a imagem não é dada como uma coisa presente em minha consciência, mas como uma consciência que imagina. Ora, a análise de Sartre não é inteiramente explícita: como a consciência que imagina se distingue da consciência que julga? Quando eu imagino, diante de mim, não há somente um análogo do ser ausente: o ser ausente me parece misteriosamente presente, presente como uma quase-presença mágica. Como posso me dar essa quase-presença? Eu a evoco, como se evoca o espírito dos mortos.

A consciência, aqui, atém-se a seu jogo. Há, entre ela e a imagem, uma relação de cumplicidade, de fascinação. Mas, se minha consciência está fascinada, há, portanto, uma relação secreta entre ela e sua *hyle*. Este problema nos conduz, assim, para além do idealismo.

Diremos que a constância das formas, dos objetos,
29 etc., | resulta de uma organização natural? Isso seria esquecer que minha percepção é consciência e professar um idealismo invertido.

---

[45] *Op. cit.*, Paris: 1966, p. 25; publicado inicialmente em *Recherches philosophiques*, t. VI, 1936-1937, p. 90.

O problema é o seguinte: é preciso que haja mediação entre o "para si" puro e aquilo que a consciência põe em si diante dela, é preciso que haja conivência entre o "para si" e o "em si". "É a alma que vê, e não o olho", dizia Descartes.[46] "O olho ou a alma": para ele há um ou outro. O juízo natural gostaria de ser tal mediação, mas é apenas uma oscilação entre o "em si" e o "para si". Para superar a alternativa, seria preciso não considerar inicialmente a consciência pura, mas voltar à própria percepção; tomar a consciência já em obra, já situada, não confiar em uma noção esquemática da consciência. Se eu me dou uma ideia pura da consciência, jamais poderei reencontrar a percepção. Mas a consciência não é aquilo que, precisamente, jamais pode ser tomado como puro?

Vê-se que os problemas de hoje já estão em Malebranche e aparecem como nos mitos, ou nos sonhos. A situação histórica de um filósofo delimita aquilo em que ele pode pensar com certeza, mas não aquilo em que ele pode tentar pensar.

---

[46] *Dioptrique*, Discurso VI; A.T., t. VI, p. 141; Bridoux, p. 224; Alquié, t. I, p. 710.

| Quinta aula 30

Extensão sensível e extensão inteligível

A extensão não pode ser dita sensível, visto que as sensações são modalidades da alma. Relacionemos tais modalidades com a extensão: há, portanto, uma relação entre elas e a extensão inteligível, e o fundamento do instinto que a ela nos impele deve ser buscado.

A extensão não é uma maneira de ser, mas um ser. Não é um abstrato: ela contém suas partes como uma tela branca, contém os desenhos que nela serão traçados. A relação entre a extensão e suas partes não pode ser elucidada por uma referência à geometria analítica, como acredita Leon Brunschvicg: "Malebranche encara a geometria analítica unicamente em sua relação com o espaço [...], a representação sensível do espaço supõe a realidade da ideia que é sem parte, sem extensão, que é uma relação como a equação do círculo".[47] Laporte, n'*A extensão inteligível em Malebranche*,[48] observa justamente que Malebranche nunca tira os seus exemplos da geometria.[49] Nada há de comum entre os números inteligíveis, "todos comensuráveis entre

---

[47] *Spinoza et ses contemporains*, p. 354.

[48] *Revue internationale de philosophie*, 1938; cf. *Études d'histoire de la philosophie française au XVIIe siècle*, p. 153-192.

[49] *Op. cit.*, p. 162.

si",[50] e a extensão inteligível, das quais as partes nem sem-
31 pre o são.[51] | De fato, Malebranche procede a uma análise direta da extensão, assim como Leibniz atacou francamente a *analysis situs*. Malebranche se defronta com a espacialidade.

Que relações haveria entre a extensão inteligível e a extensão criada?

Na *Recherche*,[52] vemos em Deus as ideias de todos os corpos. A teoria se modifica no *Décimo esclarecimento*: a experiência humana da extensão está, com efeito, submetida a variações de perspectiva e não se pode admitir que o próprio Deus perceba os corpos individuais. Mas Malebranche não renuncia a colocar em Deus o fundamento ideal das particularidades. Confira-se a *Réponse à Régis*: "É certo, portanto, que só se veem os corpos na extensão inteligível e geral, que a cor torna sensível e particular".[53] A palavra "geral" é ambígua: não se trata da relação da potência com o ato, mas a extensão contém os germes internos de todos os seres.

A extensão inteligível é "a ideia da extensão criada". Há, de fato, somente uma extensão (criada) e uma ideia da extensão (inteligível). A própria extensão sensível está conectada à fonte sem a qual ela não poderia ser pensada: há uma gênese interior da exterioridade, ao término de um movimento que funda a relação das partes entre si.

Malebranche retoma, aqui, a sua análise da consciência para que haja luz. É preciso que eu tenha diante de mim um *ser representativo* (isto é: "intencional"), se não, minha alma estaria dispersa e à mercê de seus estados.

---

[50] *Entretiens métaphysiques*, II, § 2; *O.C.*, t. II, p. 52; Cuvillier, t. I, p. 86.

[51] *Ibid.*

[52] Primeira edição.

[53] *Réponse à Régis*, II, § 5; *O.C.*, XVII-1, p. 282.

É preciso um ser do qual toda a essência seja oferecer-se ao conhecimento e que remeta à realidade, pois a alma humana não tem por si mesma essa agilidade e essa transparência que são as únicas a torná-la capaz de conhecer.

A extensão inteligível não está nem do lado do sujeito (não é um fato de conhecimento) nem do lado do objeto (não é um "em-si"): é o núcleo ideal pelo qual a extensão real se oferece ao conhecimento. Assim explica-se que, não havendo uma extensão, haja, no entanto, uma extensão inteligível, isto é, | um modo de ser que é somente a 32
transição da consciência da extensão à extensão efetiva. A extensão inteligível não é um traço da psicologia divina, o que faria dela uma coisa ou um tipo de coisa.

Descartes, em uma carta a Morus, escreve: "Assim, digo que só há extensão nas coisas que incidem na imaginação, como tendo partes distintas umas das outras".[54] Bem se descreve aí o núcleo ideal que consiste em continuidade e em divisão possível. Malebranche considera, por seu turno, este núcleo, e o descreve como um objeto composto de partes inteligíveis e incluindo "exteriores e distanciamentos".[55] No entanto, afirma desde as *Réponses à Arnauld*, que "o segmento inteligível de um círculo é menor que o próprio círculo, e não toma nem mais nem menos espaço, porque não ocupa lugar algum".[56] É isso um compromisso? Não: Malebranche pensa em uma extensão que se estende, em um espaço espacializante, mas que permanece espaço, pois o sujeito já se espacializou por si mesmo. É a atitude de

---

[54] "Ita illud solum quod est imaginabile, ut habens partes extra partes [...] dico esse extensum" (5/2/1649); A.T., V, p. 270; *Correspondances avec Arnauld et Morus*; ed. Lewis, p. 114-115.

[55] No original: "des dehors et des éloignements". Cf. "Sexto esclarecimento" (N.T.); *O.C.*, t. II, p. 61.

[56] *Réponses à Arnauld*, t. I, p. 342; *O.C.*, t. VI, p. 203.

uma filosofia para a qual há idealidade do espaço, mas sem redução da extensão ao que ela não é.

Na falta de tê-la compreendido, Laporte caiu em vários erros:

1) Ele se pergunta como compreender que algo de imaterial e de inextenso possa representar matéria, ou servir de modelo a Deus para criá-la.[57] Ora, justamente porque ela é somente representativa, a extensão inteligível pode representar a extensão efetiva. Laporte não distingue o inextenso no sentido da interioridade psicológica e o inextenso no sentido da idealidade: a primeira inextensão se opõe ao pensamento da extensão, a segunda, ao contrário, torna-a possível.

2) Ele escreve: “Na espécie, objeto conhecido, en-
33 quanto conhecido | de um conhecimento puro, é a ideia de uma extensão inteiramente nua, incolor, invisível: a ideia do espaço vazio, em suma, ou, mais exatamente [o vazio sendo tão quimérico para Malebranche como para Descartes], a ideia do ar”. E, a este propósito, cita em nota um fragmento da *Réponse à Régis*: “Como o ar é invisível, esta ideia não modifica em nada minha alma com alguma cor ou alguma percepção sensível para representá-la, mas, com uma percepção pura”.[58] Isso não significa, porém, que a inteligibilidade seja somente do sensível extenuado. Esta pureza é totalmente relativa.

3) Malebranche, tendo escrito que a extensão inteligível é “o objeto imediato do espírito quando ele pensa em corpos que não existem”,[59] Laporte deduz daí que a extensão

[57] *Op. cit.*, p. 167.

[58] Cap. II, § 3; *ibid.*, p. 176 e nota 5; cf. *O.C.*, t. XVII-1, p. 281.

[59] *Recueil des réponses à Arnauld*, t. I, p. 342; *O.C.*, t. VI, p. 204; citado por Laporte, p. 180.

inteligível é apenas uma extensão imaginária, que ela é "[...] matéria dessas *imagens*, da qual a psicologia contemporânea ainda faz frequentemente um dos ingredientes do mundo *psíquico* por oposição ao mundo *físico*",[60] que ela reside somente em nossa consciência. É um erro, pois Malebranche não pensa que a consciência esteja fechada: suas significações não são suas. Ainda aqui Laporte toma o exemplo por uma definição e crê poder intercambiar. Malebranche, justamente porque é um clássico, sai do realismo pela ilusão (o sonho, a alucinação, o erro dos amputados), mas não quer dizer que a idealidade seja ilusão. A imanência psicológica é aqui somente uma passagem rumo à imanência transcendental.

A verdadeira dificuldade seria: "existe um meio de encerrar em uma ideia da extensão toda a realidade da extensão?". Malebranche escreve: "[Deus] tem tudo o que há de realidade e de perfeição nas criaturas, sem nenhuma imperfeição, sem nenhuma limitação. Minha mão não é meu braço, ela é real, mas ela encerra, por assim dizer, o nada de meu braço e de todo o resto do universo".[61] | Ora, 34
em Deus, tais negações não têm cabimento, e Malebranche bem o sabe quando acrescenta: "Mas em Deus não há, de forma alguma, nada".[62] Como o Verbo divino pode então representar a extensão? Malebranche não responde senão por uma recusa categórica: "Se me pedirem para explicar claramente como o Verbo divino encerra os corpos de uma maneira inteligível, ou como ele pode fazer que a substância divina, embora perfeitamente simples, seja representativa das criaturas ou participável pelas criaturas, eu responderei

60 *Op. cit.*, p. 180.

61 *Deuxième entretien sur la mort*; ed. Cuvillier, t. II, p. 244-245; *O.C.*, t. XIII, p. 403.

62 *Ibid.*, p. 245; *O.C.*, t. XIII, p. 403.

que é uma propriedade do infinito que me parece incompreensível, e não me demorarei aqui".[63]

Em outros termos, o Nada constitutivo das criaturas é uma simples privação de ser? Se o Nada nada é, estamos na via que conduz a Espinosa. Se não, é possível perguntar-se se Deus permanece Deus, visto que não há nele este Nada real. Ora, a *Correspondance avec Mairan* mantém a realidade da exterioridade recíproca das partes da extensão. Um "pé cúbico d'extensão", haja ou não algo ao redor dele, permanecerá o que é. Devido ao fato de que ele é Nada de todos os outros, ele manterá a sua existência. "O que faz com que um pé cúbico seja distinto de qualquer outro é o seu ser próprio, sua existência. Que haja seres de mesma ou de diferente natureza, se isto for possível; ou que não haja nada que o circunde, ele será sempre o que é".[64] Para Mairan, que objeta que se a bola A fosse uma substância, "[...] ela seria infinita, pois o que lhe poria um termo?", Malebranche responde: "Nada [rien], eu lhe diria. Pois, para lhe pôr um termo, nada é preciso".[65] Malebranche escolhe, portanto, resolutamente dizer que o pretenso Nada das coisas não é nada; não sendo Deus, é preciso que as coisas tenham sua existência nelas mesmas.

Retorno a uma extensão sensível, instinto, juízo natural, todos estes temas supõem "uma conexão com a existência" exterior ao pensamento claro e distinto.

---

[63] *Recueil*, t. I, p. 343-344; *O.C.*, t. VI, p. 204; citado por Laporte, *op. cit.*, p. 186-187.

[64] "Troisième réponse", em *Correspondance avec Mairan*; ed. Moreau, p. 139; *O.C.*, t. XIX, p. 886.

[65] "Quatrième réponse"; ed. Moreau, p. 169; *O.C.*, t. XIX, p. 909.

Sexta aula[66]

A causalidade nas relações da alma e do corpo

Malebranche encontra a causalidade somente em Deus? É o que parece ressaltar nos textos. No entanto, a eficácia da vontade de Deus escapa ao nosso conhecimento claro. "Você me pede uma ideia clara e distinta dessa eficácia infinita que dá e conserva o ser a todas as coisas. Seu pedido é indiscreto. Você me consulta sobre a potência de Deus; consulte-me sobre Sua sabedoria, se você quiser que eu o satisfaça agora. Não ofereço aos homens ideia distinta, que corresponda à palavra potência ou eficácia; porque Deus não deu potência verdadeira às criaturas, e porque só devo oferecer ideias para fazer conhecer as obras de Deus e a sabedoria de sua conduta".[67] O homem deve, portanto, se contentar em saber que é impossível que Deus seja ineficaz.

---

[66] Não acreditamos que fosse preciso descartar esta aula de nossa redação, apesar de sua extrema brevidade. Recordemos (ver supra, p. 7) que ela constituía não uma aula propriamente dita, mas uma correção das exposições anteriormente efetuadas pelos estudantes. (Nota da edição francesa.)

[67] *Méditations chrétiennes*, IX, II; *O.C.*, t. X, p. 96.

Por outro lado, Malebranche se mostra anticartesiano a propósito da criação dos seres organizados: as leis da natureza não estão nele – como em Descartes –, anteriores à formação dos organismos: elas só desempenham papel após "a primeira impressão de movimento, sabiamente distribuída", que "foram suficientes para formar de um só golpe os animais e as plantas".[68] A finalidade é, portanto, reintroduzida.

36 | O próprio Deus é acessível somente pela curta prova do sentimento. O verdadeiro conhecimento de Deus (para o homem decaído), o que faz que nos voltemos para ele, é a graça, isto é, um contraprazer. Somente o sentimento pode nos revelar toda uma dimensão da vida divina; essa vida profunda de Deus só é acessível pela graça.

O sentimento nos esclarece indiretamente sobre as exceções que Deus consentiu antes do pecado, em favor de Adão, as leis da união da alma e do corpo. A alma, nesse estado edênico, "jamais foi interrompida a despeito de si mesma nestas meditações e nestes êxtases".[69] E Malebranche acrescenta: "Não sentem vocês em si mesmos algum resto daquela antiga potência, quando estão fortemente aplicados e a luz da verdade lhes penetra e vocês regozijam?".[70] Contrariamente a Descartes, Malebranche não edificou filosofia "bipartite".

---

[68] *Entretiens métaphysiques*, X, XVI; ed. Cuvillier, t. II, p. 60; *O.C.*, t. XII, p. 247.

[69] *Entretiens métaphysiques*, IV, XVII; ed. Cuvillier, t. I, p. 144; *O.C.*, t. XII, p. 102.

[70] *Ibid.*

| Sétima aula 37

Teologia e união da alma e do corpo

Malebranche distinguiu do conhecimento por ideia um conhecimento por sentimento: o que só sabemos devido ao fato de que somos. A teologia, também ela, assim como o conhecimento da extensão, não introduz o reconhecimento de um setor da experiência que não poderia ser compreendido a partir de nossa atividade de espectador? Não haveria um conhecimento não espetacular, uma prova do valor de Deus, que permaneceria opaca e deveria permanecê-lo, por razões extraídas da própria natureza de Deus?

Malebranche se orienta de início contra a experiência religiosa. Mas encontra dificuldades tais que, em seguida, tende a um compromisso: à experiência religiosa, por mais obscura que seja e permaneça, vê que se lhe sobrepõe uma racionalidade absoluta.

A) Desde que Malebranche se interroga sobre a relação do entendimento com a vontade, vê-se que ele subordina a vontade ao entendimento. A vontade não faz parte da essência da alma, pois, "sozinho, o pensamento é [...] propriamente o que constitui a essência do espírito". O

querer é somente um modo, aliás, inseparável: "a potência do querer é inseparável do espírito, embora ela não lhe seja essencial; como a capacidade de ser movida é inseparável da matéria, embora ela não lhe seja essencial. Pois, assim
38 como não é possível | conceber uma matéria que não se possa mover, assim também não é possível conceber um espírito que não possa querer".[71] Nada mais obscuro que esse estatuto de uma modificação inseparável do que ela modifica. Um espírito sem vontade seria "inteiramente inútil, visto que esse espírito [...] não amaria o bem para o qual ele é feito".[72] Não há vontade sem pensamento, mas a ligação não é recíproca, ao menos de direito: "querer não é a essência do espírito, visto que querer supõe a percepção".[73] A vontade é, portanto, subordinada. É nestas relações de perfeição que a vontade encontra o que há de motor nela. O pensamento já é "relação com"... Quanto à vontade, ela é somente um aspecto do movimento que nos leva a Deus. Essa lei não admite exceção: "os homens só [são] capazes de algum amor ou de algum ódio sensível, porque são capazes de um amor e de um ódio espiritual".[74] "Deus faz tudo o que há de real nos sentimentos da concupiscência".[75] A moral se define, então, como uma busca da felicidade. Todas essas teses implicam a concepção de um homem naturalmente ordenado para um fim. O mal é apenas uma privação, e o mundo aparece a título de obstáculo a um movimento da alma no rumo de Deus. A fé é apenas uma maneira curta de significar para o sentimento o que seria também significado

---

[71] *Recherche*, I, III, I, cap. I, § 1; *O.C.*, t. I, p. 383.

[72] *Ibid.*, t. I, p. 382.

[73] *Ibid.*, t. 1, p. 383.

[74] *Recherche*, Livro IV, cap. I; *O.C.*, t. II, p. 127.

[75] *Recherche*, "Primeiro esclarecimento"; *O.C.*, t. III, p. 34.

para a razão. Uma fórmula quase naturalista como "dê aos homens o pão celeste [...], para lhes marcar sensivelmente que eu sou o pão que atualmente nutre a substância de sua alma"[76] torna manifesto, no sentido, uma verdade que não é de sua ordem. Lê-se ainda nas *Méditations chrétiennes*: "como a maior parte dos homens não é afeita ao trabalho da atenção [...], deve instruir-se de seus deveres pela leitura dos Livros Sagrados".[77] A vida de Cristo nos oferece "um modelo sem defeito". Mas saiba, acrescenta o Verbo, "para que você se | conforme ainda mais seguramente, você deve 39
ainda consultar a ordem, tal como ela é em si mesma".[78] O recurso aos Livros Sagrados é, portanto, apenas um simples expediente. "Ao agir com loucos, [o Filho de Deus] serviu-se de um tipo de loucura para torná-los sábios".[79] Pela mesma razão, a graça será uma concupiscência santa, o contraprazer. "A concupiscência nos desregra e, para vencê-la, é preciso que Deus nos inspire outra concupiscência, totalmente santa: para adquirir o equilíbrio de uma liberdade perfeita, visto que temos um peso que nos leva para a terra, precisamos de um peso contrário que nos eleve para o céu".[80] Não há diferença essencial, neste nível, entre natureza e graça. O Cristo é causa ocasional sob o mesmo título que qualquer outro fenômeno. A graça é, aqui, uma simples reparação da natureza: são duas espécies do mesmo gênero.

B) Era difícil para Malebranche permanecer nisso. Mesmo se a vontade for um movimento rumo a Deus, essa vontade deverá ser distinguida de nossa vontade, no

---

[76] *Méditations chrétiennes*, XVII, VI; *O.C.*, t. X, p. 192.

[77] *Ibid.*, XIII, XXII; *O.C.*, t. X, p. 159.

[78] *Ibid.*, XIII, XXI; *O.C.*, t. X, p. 149.

[79] *Recherche*, Livro V, cap. V; *O.C.*, t. II, p. 175.

[80] *Entretiens métaphysiques*, IV, XXI; *O.C.*, t. XII, p. 105-106.

sentido ordinário da palavra. Ela é igual, queiramos ou não. O amor natural do homem para com Deus jamais aumenta nem diminui, embora, atualmente, a cada instante, ele possa ser captado por bens finitos que o dominam. Nossa ação é o amor atual. Somente este amor é constitutivo de nós mesmos.[81] Ora, os problemas até aqui evitados vão reaparecer em relação a este amor atual.

O amor natural de Deus ainda não somos nós. Ele permitiu, entretanto, na origem, essa desordem que é o pecado. Onde está a diferença entre o amor natural e o amor atual? O amor natural visa ao ser, e o pecado nos inclina para o bem-estar. Como se passaram as coisas, quando nós pecamos? Consultamos mal as relações de perfeição. Malebranche fornece quatro razões para isso, três das quais são insuficientes:

40 | (1) Somos um espírito finito, que precisa de tempo. Por conseguinte, nossa vontade querida não está no nível de nossa vontade querente.[82] – Mas, então, Deus seria responsável pelo pecado! (2) "Nossos sentidos espalham nossa alma em nosso corpo".[83] – Mas é Deus que é o autor dos sentidos! (3) Não temos ideia da alma, mas somente o sentimento interior.[84] – Mas ele deve justamente ser assim.[85] (4) Desde o pecado, "a união da nossa alma com o nosso corpo tornou-se dependência".[86] – A resposta é melhor, mas o primeiro pecado, como

---

[81] "Primeiro esclarecimento"; "Oitavo esclarecimento"; XIX; *Méditation chrétiennes,* XVI, XII.

[82] "Primeiro esclarecimento".

[83] "Primeiro esclarecimento"; *O.C.*, t. III, p. 22.

[84] "Décimo primeiro esclarecimento".

[85] *Méditations chrétiennes*, IX, XIX-XXI; *O.C.*, t. X, p. 103-104.

[86] *Entretiens métaphysiques*, IV, XVII; *O.C.*, t. XII, p. 101.

foi ele possível? Se for introduzido o pecado sob o título de evento indispensável para compreender o homem, renuncia-se, então, a constituir uma filosofia da natureza humana, o homem existente não sendo mais de natureza adâmica. A natureza humana ou o amor natural de Deus recua diante do pecado. "Deus retirou-se do [homem] e não mais quis ser o seu bem".[87] Segue-se que as nossas inclinações naturais não são mais cognoscíveis por sentimento. O primeiro pecado foi "um ato que nada faz"? No entanto, segundo o próprio Malebranche, ele subverteu nossa natureza. Aliás, nossa "natureza" é algo distinto de uma construção artificial?

Nesta etapa, Malebranche minimiza as consequências do pecado. Este não acarreta mudança nas vontades de Deus. Deus deu a Adão o poder de dominar totalmente a ação do seu corpo. Não deve ter mantido esse privilégio para um rebelde e, portanto, não mudou de vontade ao nos punir.[88] De resto, o amor natural de Deus está em seu pleno exercício depois do pecado: entre o bem e o mal, a parte desempenha igual papel no homem regenerado.[89] Adão, ao contrário, não possuía liberdade relativa, mas uma liberdade absoluta. – Consciente das dificuldades que tudo isso supõe, Malebranche adota, após a *Recherche*,
uma nova | concepção da religião e da filosofia religiosa, 41
e toma o contrapé de suas primeiras teses.

A história da Igreja seria vã? Não formaria ela apenas um ir e vir? Estaria ela concluída no restabelecimento da idade de ouro, em um devir circular? Não: o universo reparado por Jesus Cristo vale mais que o universo anterior à

87 *Recherche*, I, V, § 1 ; *O.C.*, t. I, p. 71.

88 "Oitavo esclarecimento", V-VII; *O.C.*, t. III, p. 73-74.

89 *Ibid.*, XVII-XVIII; *O.C.*, t. III, p. 80.

queda; "vale mais que o próprio universo em sua primeira construção".[90] O pecado não é, portanto, somente uma ruptura temporária de equilíbrio. O mundo ainda não está feito: o mundo presente é uma "obra negligenciada".[91] "Deus queria nos ensinar o que é o mundo futuro, que será propriamente a sua obra".[92] A religião deixa de ser retrospectiva para tornar-se prospectiva. A noção de criação está subvertida: o homem não é mais atravessado por uma finalidade, mas ele se torna capaz de iniciativa absoluta. Nas *Méditations chrétiennes*, Malebranche rejeita a ideia de que certos homens seriam predestinados à salvação. Deus quer salvar todos os homens. O Verbo não escolhe quais homens serão salvos, mas somente constrói seu templo espiritual em suas linhas gerais. "Ele é indiferente a que seja Pedro ou João que produza tal efeito em meu templo".[93] O Verbo não escolhe tal ou qual pedra: é minha vontade que decidirá sobre o endereço que ocuparei. O Verbo concorre para um lugar em seu templo espiritual. "Ajo também incessantemente para fazer entrar na Igreja o maior número de homens que puder".[94] "O maior número de homens", e não todos os homens. Se todos os homens fossem salvos, seria, diz o Verbo, tornar meu templo disforme à força de fazê-lo grande e amplo.[95] O Verbo, que quer salvar todos os homens, não pode salvar, de fato, portanto a todos. É somente por razões de estética, de harmonia, como indica, por exemplo, o emprego da palavra *disforme*? Malebranche

---

[90] *Entetiens métaphysiques*, IX, V; Cuvillier, t. II, p. 12; *O.C.*, t. XII, p. 105.

[91] *Méditations Chrétiennes*, VII, t. XII, p. 205.

[92] *Ibid.*, VII, XI; *O.C.*, *ibid.*

[93] *Ibid.*, XIV, XV; *O.C.*, t. X, p. 158.

[94] *Ibid.*

[95] *Ibid.*

alega outra razão, mais interessante: se o Verbo desse a todos os homens uma graça de sentimento, "dando seguramente a vitória",[96] | o homem não mais existiria. "A 42
graça de sentimento diminui o mérito [...]. O prazer é a recompensa do mérito, não é o princípio dele. Quando tudo se lhe sacrifica, vítima alguma é imolada".[97] Para salvar todos os homens, seria preciso transformá-los em coisas. Malebranche desaprova aqui a moral da felicidade: como cristão, deve lembrar-se de que "quem quiser salvar sua vida perdê-la-á". Nessa perspectiva, o Inferno é a condição para que haja, em todos os que se salvam, liberdade e sacrifício, e que o templo seja um templo humano.

A glória de Deus toma, assim, três formas, que são formas distintas:

1) A "glória do arquiteto", na ordem da finalidade. Esta glória, no entanto, não teria sido motivo suficiente para criar.[98]

2) "Este arquiteto recebe ainda uma segunda glória dos espectadores e dos admiradores de seu edifício".[99] Sua homenagem restitui o mundo a Deus.

3) Glória suprema: não contentes em "reconhecer" este mundo, nós próprios consumamos sua divinização pelo sacrifício. "[Os cristãos] não valem nada, eles e todo o resto do universo em relação a Deus, quando protestam que é somente por Jesus Cristo que pretendem ter com ele alguma relação. Esta aniquilação a que sua

---

[96] *Méditations chrétiennes*, XIV, XVIII; *O.C.*, t. X, p. 159.

[97] *Ibid.*

[98] *Entretiens métaphysiques*, IX, VI; ed. Cuvillier, t. II, p. 13; *O.C.*, t. XII, p. 205.

[99] *Op. cit.*, *ibid.*; Cuvillier, *ibid.*; *O.C.*, t. XII, p. 206.

fé os reduz dá a eles, diante de Deus, uma verdadeira realidade".[100] Aqui se introduz a distinção entre o profano e o sagrado: um mundo aniquila-se a si mesmo para honrar a Deus. "Nossas ações tiram sua moralidade da relação que elas têm com a ordem imutável [...], mas tiram somente sua dignidade sobrenatural, e, por assim dizer, sua infinidade e sua dignidade, de Jesus Cristo".[101] Na
43 ordem das perfeições, não há nenhuma relação entre | o homem e o infinito, mas o ato do sacrifício de Jesus Cristo cria uma relação entre a humanidade e Deus. Sua encarnação, seu sacrifício, seu sacerdócio, "ao pronunciar claramente que não há relação entre o criador e a criatura, põe aí por si mesmo um relacionamento tão grande que Deus se compraz e se glorifica perfeitamente em sua obra".[102] Este sacrifício deve, portanto, aparecer como um reconhecimento recíproco de Deus pelo homem e do homem por Deus. Somos insubstituíveis nesse ato de negarmo-nos a nós mesmos. O sacrifício é uma iniciativa absoluta ao mesmo tempo em que é finalidade; a dificuldade é, portanto, suplantada. O amor de Cristo é o amor de alguém por alguém, e ultrapassa, desse modo, a alternativa da finalidade e da iniciativa. Malebranche constitui, assim, uma teoria da experiência religiosa na qual o amor prático resolve as dificuldades teóricas.

O próprio Malebranche fala de "experiência" a propósito da religião: "os fatos da religião, os dogmas decididos são minhas experiências em matéria de teologia".[103] Doravante, o mito não é mais um simples expediente. "É

---

[100] *Op. cit.*, XIV, VIII; Cuvillier, t. II, p. 181; *O.C.*, t. XII, p. 243.

[101] *Op. cit.*, XIV, VII; Cuvillier, t. II, p. 180; *O.C.*, t. XII, p. 342.

[102] *Ibid.*

[103] *Op. cit.*, XIV, IV; Cuvillier, t. II, p. 177; *O.C.*, t. XII, p. 339.

possível dizer [...] que as objeções que se formam contra os principais artigos de nossa fé, e principalmente contra o mistério da trindade, são tão fortes que não é possível dar-lhes soluções claras, evidentes, e que não choquem em nada a nossa frágil razão, porque, com efeito, estes mistérios são incompreensíveis".[104] Não se invoca mais a possibilidade de uma inteligência da fé. "Quando meus discípulos se voltam para o interior de si mesmos e consultam com todo o respeito e toda a aplicação necessária, descubro em seus espíritos, de maneira puramente inteligível, várias verdades que eles sabem somente com certeza por causa da infalibilidade de minha palavra. Mas, porque a religião encerra mistérios inteiramente incompreensíveis para o espírito humano [...], a maneira mais curta e mais segura para ensinar a religião e a moral é ler a Escritura e escutar a Igreja".[105]

| Nas *Entretiens métaphysiques*, Malebranche cita São 44
Paulo[106]: antes de Cristo, "estávamos neste mundo como os ateus, sem Deus, sem benfeitor".[107] Deus não pode ser captado inteiramente senão pelo amor de Cristo, que, ao destruir o nosso ser finito, faz que Deus seja no mundo. A relação do homem com Cristo é uma relação não racional. Nesta nova perspectiva, Deus não é da ordem do ser e já não se pode mais conceber a natureza humana como um movimento naturalmente orientado para Deus.

Por outro lado, as relações da alma com o corpo aparecem como exemplares; são as mesmas categorias que tornam pensáveis a união da alma e do corpo

---

[104] *Recherche*, III, I, I, § II; *O.C.*, t. I, p. 395.

[105] *Méditations chrétiennes*, III, V-VI; *O.C.*, t. X, p. 28.

[106] *Efésios*, II, 3 e 12.

[107] *Op. cit.*, XIV, p. 9; ed. Cuvillier, t. II, p. 181; *O.C.*, t. XII, p. 343.

e a união de Cristo com a Igreja. "Eu animo minha Igreja como a alma anima o corpo", diz o Verbo nas *Méditations chrétiennes.*[108] E o *Traité de la nature et de la grâce* já precisava: "quando falamos da alma de Jesus, podemos consultar a nós mesmos [...]. Jesus Cristo age sobre os seus membros de uma maneira particular somente por meio de influências sucessivas, assim como a nossa alma não move ao mesmo tempo todos os músculos de nosso corpo".[109] A história de Deus no mundo pode ser pensada apenas pelas categorias humanas.

No limite, essa concepção da fé seria mais semelhante à de Kierkegaard do que à da tradição. A fé, segundo Kierkegaard, não é mais fé em algo ou em algum ser. Daquele que ama Cristo, não se pode dizer que é cristão, pois o seu amor permanece sempre abaixo do que deveria ser. O homem não pode, portanto, relacionar-se com Deus como com um objeto captável... Mas Malebranche recua diante das consequências de uma concepção em que o homem renunciaria a ver as coisas do ponto de vista de Deus. Ele oscila entre as duas atitudes e se posiciona na maioria das vezes no ponto de vista de Deus, por exemplo, quando medita sobre o milagre.

45 | Embora procedam de vontades particulares de Deus, os milagres são previstos desde toda a eternidade, no ato da criação: "quando Deus faz um milagre e quando não age em consequência com as leis gerais que nos são conhecidas, eu pretendo ou que Deus aja em consequência de outras leis gerais que nos são desconhecidas, ou o que ele faz então é determinado por certas circunstâncias que ele teve [sic] em vista desde toda a eternidade, ao

---

[108] *Op. cit.*, XII, XIV; *O.C.*, t. X, p. 130.

[109] *Op. cit.*, *Second discours*, I, §§ 17-18; *O.C.*, t. V, p. 88-89.

formar este ato simples, eterno, invariável, que encerra as leis gerais de sua providência ordinária, e ainda as exceções destas mesmas leis".[110] Mesmo aqui Malebranche conserva, portanto, o ponto de vista de Deus.

Enfim, o problema dos monstros e da desordem é resolvido no mesmo espírito. Lê-se, no *Traité de la nature et de la grâce*: "Se a chuva cai em certas terras, e o sol aquece outras; se uma criança vem ao mundo com uma cabeça informe e inútil que se eleva sobre o seu peito e a torna infeliz, não é que Deus quis produzir tais efeitos por vontades particulares; mas é que estabeleceu leis da comunicação dos movimentos, cujos efeitos são as sequências necessárias: leis tão simples, e ao mesmo tempo tão fecundas, que servem para produzir tudo o que vemos de belo no mundo, e mesmo para reparar, em pouco tempo, a mortalidade e a esterilidade mais geral".[111] A filosofia dos monstros e da desordem permanece subordinada a uma ordem mais fundamental.

---

[110] *Entretiens métaphysiques*, VIII, III; ed. Cuvillier, t. I, p. 238; *O.C.*, t. XII, p. 177.

[111] *Op. cit.*, *Premier discours*, I, § 18; *O.C.*, t. V, p. 32.

| Oitava aula 46

De Malebranche a Maine de Biran

Em *L'expérience humaine et la causalité physique*, Léon Brunschvicg pôs em paralelo as doutrinas de Maine de Biran e de Malebranche, e é deste paralelo que partiremos. Brunschvicg afirma ali que os cartesianos salvaram a filosofia ao trazer para as ideias o privilégio da evidência concedido pelos escolásticos à experiência sensível: "A evidência invocada pela Escola é uma evidência de ordem sensível; a evidência cartesiana, da qual Malebranche reclama, é uma evidência de ordem inteligível".[112] Biran, por sua vez, opera uma "transferência de evidência", mas, ao deslocá-la novamente, "se não para o dado dos sentidos, ao menos para uma certeza de experiência".[113] Voltando o olhar do filósofo para o corpo, ele abandona a tradição filosófica e lhe opõe uma não filosofia, trabalhando "em favor do mesmo ceticismo, do qual [ele] queria eliminar o veneno".[114]

Brunschvicg cita elogiosamente as páginas do *Décimo sexto esclarecimento*, onde Malebranche contesta o alcance da experiência do esforço e a ele se alia: "no pretenso

---

[112] *Op. cit.*, 3. ed., Paris: 1949, p. 5.

[113] *Ibid.*, p. 17.

[114] *Ibid.*

sentimento interior do movimento, a análise exata discerne necessariamente a subjetividade do sentimento e a realidade do movimento: esta última não estando necessariamente ligada a aquela".[115] A consciência do esforço muscular é
47 duplamente enganosa, | visto que não comporta nem o conhecimento dos meios, os quais a alma deveria usar para agir sobre o músculo posto em jogo, nem a certeza de que esse músculo é realmente movido. Brunschvicg aprova Malebranche por ter escrito: "Parece-me evidente que o espírito não conheça mesmo o sentimento interior ou por *consciência* o movimento do braço que ele anima. Ele só conhece por consciência seu sentimento, pois a alma só tem consciência de seus próprios pensamentos. É por sentimento interior ou por consciência que se conhece o sentimento que se tem do movimento de seu braço; mas não é por consciência que se é advertido do movimento de seu braço, da dor que nele sofre, tampouco como das cores que se veem nos objetos".[116] [Notemos que Malebranche parece retirar aqui o que ele havia dito dos "juízos naturais". Ele acrescenta, é verdade: "Ou, se não quisermos convir, digo que o sentimento interior não é infalível, pois o erro se encontra quase sempre nos sentimentos, quando são compostos".[117] Há uma hesitação em seu pensamento]. Brunschvicg aprecia a distinção tão nítida, assim estabelecida, entre "consciência de si" e "consciência das coisas". Liga igualmente a crítica malebranchista do esforço intelectual: "Malebranche, com o olhar de uma profundidade incomparável que os filósofos

[115] *Op. cit.*, p. 7.

[116] "Décimo quinto esclarecimento", *O.C.*, t. III, p. 227, nota; citado por Brunschvicg, *op. cit.*, p. 7.

[117] *Ibid.*

do século XVII lançaram no *inconsciente*, mostra como o esforço intelectual e a vontade de compreender são apenas apelos à inteligência: a inteligência ultrapassa esses apelos, porque as ideias são realidades de uma ordem totalmente outra do que os dados sensíveis da consciência".[118] A filosofia autêntica deve evitar toda contaminação da ideia pelas determinações psicológicas, instalar-se na ideia clara e descobrir nesse nível uma dimensão autônoma de verdade. Nenhum problema se põe sobre a origem da ideia. A filosofia consiste em uma conversão que extrai, além dos acontecimentos psicológicos, a relação pura do espírito com a ideia. Partindo das formas envoltas da ideia, vai-se até a ideia total.

Biran, ao contrário, desloca novamente a evidência.
Toma por | ponto de partida a experiência do corpo 48
e de sua motricidade. Opõe à evidência matemática, ou racional, uma evidência *psicológica*, que ele chama também *metafísica*.[119] Tal evidência não pode ser comunicada diretamente. "Os signos de que nos servimos em metafísica podem despertar e excitar o sentimento imediato dessa evidência, própria a cada espírito, que é, como se diz, *compos sui*; mas esses signos sempre arbitrários, convencionais, não têm nenhuma relação com o sujeito significado; eles produzem a evidência interior, mas não a criam; ela é antes deles, eles não existiriam sem ela".[120] Contrariamente aos signos matemáticos, que veiculam sua significação, as palavras do filósofo não

[118] *Op. cit.*, p. 9.

[119] *Essai sur les fondements de la psychologie*, "Introduction", V: Tisserand, t. VIII, p. 77 [F. Azouvi, t. VII-1, p. 146]; *Œuvres choisies*, ed. Gouhier, p. 128; ver Brunschvicg, *op. cit.*, p. 18.

[120] *Ibid*; t. VIII, p. 78-79; Gouhier, p. 129; ver Brunschvicg, *op. cit.*, p. 19.

podem transportar tal e qual no espírito do leitor uma evidência "totalmente interior" e que nada de exterior pode manifestar[121]: experiência estritamente individual. O filósofo só pode, portanto, nos convidar a operar por nossa própria conta tal coincidência com nossa "egoidade". Seu discurso é um tipo de encarnação.

Brunschvicg subentende que isso equivale a renunciar a toda filosofia transmissível. Mais severo com Biran do que com Bergson (e tal dissimetria espanta), ele afasta uma doutrina "que recusa de modo tão nítido (seríamos tentados a dizer: de modo também insolente) os direitos da inteligência e da representação".[122] E não pode admitir que Biran escreva: "quando se trata dos fatos de sentido íntimo (é este sentido mesmo ou a reflexão que é capaz de os conceber), toda outra faculdade, tal como a imaginação ou mesmo apenas a razão, seria um juízo ruim e incompetente. É sobretudo aqui que os juízos verdadeiros e equitativos são os emitidos pelos pares".[123] Ao retomar uma fórmula de Leibniz, Biran
49 reprova mais de uma vez os filósofos por | "perguntar o que sabem".[124] Ele lhes opõe a evidência da relação entre a alma e o corpo. Não há de se procurar aqui nenhum saber: basta uma constatação de fato, "esta alegação, sendo um dado primitivo da consciência ou da existência

[121] Tisserand, t. VIII, p. 78 [F. Azouvi, t. VII-1, p. 48]; ed. Gouhier, p. 129.

[122] *Op. cit.*, p. 30.

[123] Tisserand, t. VIII, p. 75 [F. Azouvi, t. VII-1, p. 44]; ed. Gouhier, p. 127; ver Brunschvicg, *op. cit.*, p. 20.

[124] Ver, por exemplo, *Essai sur les fondements*, primeira parte, seção I, cap. I, § 1: Tisserand, t. VIII, p. 128-129 [F. Azouvi, t. VII-1, p. 80]; cf. Leibniz, *Nouveaux essais*, II, XXI, § 14. "Tem-se grande razão de esbravejar sobre a maneira estranha dos homens que se atormentam ao tratar das questões mal concebidas. Eles procuram o que sabem e não sabem o que procuram" (ver Brunschvicg, *op. cit.*, p. 23, nota 1).

do homem, o mistério estaria antes na possibilidade ou na própria necessidade de conceber ou de crer na realidade absoluta de cada um dos termos separados um do outro".[125] E Brunschvicg nota ironicamente: "O problema da união da alma e do corpo desaparece como problema, pois ele supõe que a substância pensante é conhecida como realidade separada, e essa concepção é apenas uma ficção do entendimento".[126] Isso equivale a dizer que Biran transforma o problema em solução. O que era claro para Malebranche é obscuro para ele. O que era claro para ele é obscuro para Malebranche. Tal primado do que, para Malebranche, era "a noite completa",[127] situa a doutrina biraniana "além de toda solicitação de explicação ou de esclarecimento".[128]

Há, porém, como pensa Brunschvicg, de um lado a filosofia e de outro a sua negação? A questão se põe como ele crê, e a "não filosofia" de Biran não seria ela mais a expressão de um esforço no rumo de uma consciência acrescida, anexando à filosofia novos territórios? Brunschvicg deve reconhecer[129] que Biran descreve a experiência do esforço tão escrupulosamente quanto o havia feito Malebranche. Sabe que a consciência do esforço é acompanhada de uma inteira ignorância de seus meios e que ela não precede a consciência do movimento, mas lhe é contemporânea: "toda ação da vontade é verdadeiramente indivisível e instantânea no fato | do sentido íntimo. 50
Ao considerar essa ação sob a relação fisiológica, distingo

[125] *Nouveaux essais d'anthropologie*: Tisserand, t. XIV, p. 299 [F. Azouvi, t. X-2, p. 113]; ver Brunschvicg, *op. cit.*, p. 28.

[126] *Op. cit.*, p. 29.

[127] Brunschvicg, *op. cit.*, p. 28.

[128] *Ibid.*, p. 29.

[129] *Op. cit.*, p. 26.

dois elementos ou instantes nos quais ela se realiza. Ao primeiro, corresponde a simples determinação motriz ou a distensão da mola central nos nervos. Somente essa parte da ação, assim limitada ao sistema nervoso, não parece dever trazer consigo uma percepção interna particular; mas, ao supor que houve tal percepção e que ela não fora necessariamente confundida com a da resistência, ou a inércia do músculo contraído que a acompanha ou a segue imediatamente, não seria possível vincular de novo o signo simbólico da individualidade ou do eu, que só pode começar a se reconhecer ou a existir por si mesmo enquanto pode se distinguir, como sujeito do esforço, de um termo que resiste [...]. Ao segundo instante, corresponde o que se passa no sistema motor, desde o instante em que o músculo se contrai, até que o efeito da contração seja transmitido ou relacionado com o centro, em que a sensação muscular toma, então, o caráter de redobro que constitui a apercepção interna do esforço, inseparável de uma resistência, ou a apercepção interna do eu que se conhece ao se distinguir do termo resistente".[130] A consciência do esforço surge, portanto, no encontro de uma decisão e de informações sobre a reação do organismo.

Já se disse: "O sujeito motor ou sujeito pensante", como se fossem os termos de uma alternativa. Biran não reduziu a consciência à motricidade, mas identificou a motricidade com a consciência. O fato primitivo é a consciência de uma relação irredutível entre dois termos, eles próprios irredutíveis. Não é uma consciência que se torna movimento, mas uma consciência que se repercute em movimentos. Não é nenhum fato interior, nem um

---

[130] *Essai sur les fondements*, primeira parte, seção II, cap. I: Tisserand, t. VIII, p. 183-184 [F. Azouvi, t. VII-1, p. 121-122]; ver Brunschvicg, *op. cit.*, p. 25-26.

fato exterior: é a consciência de si como relação do Eu com um outro termo. Não se trata, portanto, de uma filosofia empirista que preencheria a consciência de fatos musculares, mas de uma filosofia que reconhece como originária uma certa | antítese, a do sujeito e do termo 51
que sustenta suas iniciativas.

"A consciência se faz necessariamente por uma antítese; tudo é antítese para o homem; ele é em si mesmo uma antítese primitiva inapagável; nisso forma uma antítese com o universo. Assim, talvez, todos os seres se revelam unos em sua essência, até Deus, que é impossível de conceber como um ser solitário".[131] Tudo em Biran repousa sobre esta visão antitética. O que doravante está instalado no coração da filosofia não é mais o reconhecimento do Eu pelo Eu, mas a relação do Eu com o que não é ele. Ora, para Brunschvicg, a antítese é o ininteligível, é o não-ser. "É impossível que o fato primitivo seja *um* fato, visto que, no fundo, são *dois*".[132] Mas se a antítese aparecesse como universal, como envolvendo a própria consciência da ideia – a motricidade, como potência de falar, subentendendo a linguagem –, seria possível continuar considerando-a como inteligível? Não valeria mais a pena fazer, da identidade da ideia consigo mesma, um simples limite?

De resto, o kantismo de Brunschvicg lhe permitiria julgar Biran assim? Biran oporia à clareza da ideia a pura existência de um fato? Mas a afirmação espinosana da ideia que Brunschvicg aceita, não é – também ela – um simples fato? É outra coisa que um fato, essa apresentação da ideia verdadeira ao espírito do filósofo? Face ao

[131] *Essai sur les fondements*, "Introdução", III: Tisserand, t. VIII, p. 29, nota 1; Gouhier, p. 91.

[132] Brunschvicg, *op. cit.*, p. 42.

problema da união da alma e do corpo, Descartes admite que essa união tem a sua clareza própria. Malebranche recusa essa clareza mas encontra em Deus as razões da união: tampouco ele se esquivou do problema. Mas Brunschvicg, de sua parte, faz outra coisa: ele o suprime.

Toda a filosofia parte de um fato, mas só parecerá válido o sistema que, tendo partido de um fato, pode dar conta dos outros. O idealismo pode, por exemplo, dar conta da imaginação? O biranismo pode dar conta da ideia? – Partir de um fato? Toda filosofia está nisso. A "transferência
52 de evidência", | no lugar de ser uma regressão, como crê Brunschvicg, é o próprio progresso da filosofia. O próprio Brunschvicg, na medida em que não repete somente o que dizem os cientistas, é levado a designar, aos que o leem, um termo, o Espírito, que não poderia ser expresso como os objetos da ciência. Toda filosofia está adstrita a passar pela evidência metafísica de que fala Biran. O espírito não está inteiramente em suas obras, senão, não haveria mais filosofia. É Brunschvicg que suprime os problemas: fala em nome de uma filosofia que se considera como adquirida, que apareceu definitivamente na data do cartesianismo. Mas a filosofia é uma perpétua interrogação e deve pôr em questão a própria evidência ideal.

Aliás, a atitude de Brunschvicg tem estranhas consequências. Admite como óbvia a distinção absoluta da consciência de si e da sensibilidade externa. Ora, essa distinção não é óbvia de modo algum. E não resiste sequer à filosofia kantiana: se analiso, como Kant, a consciência operando (na *Refutação do idealismo*, por exemplo), devo estabelecer uma relação estreita entre "consciência de si" e "consciência das coisas".

Brunschvicg toma os pressupostos por normas quando alega, na esteira de Malebranche, a ilusão

dos amputados, para desacreditar "a subjetividade do sentimento".[133] Ora, dizer com Malebranche que sentimos dor nos membros amputados, "porque os filamentos do cérebro que lhes correspondem estão abalados da mesma maneira que se estivessem efetivamente feridos, a alma sente nessas partes imaginárias uma dor muito real",[134] não é invocar uma evidência, mas adotar uma teoria que forma sistema com a fisiologia cartesiana. Não é possível admitir hoje essa teoria sensorial do "membro fantasma", que substituiu a teoria da manutenção em nós por uma consciência implícita e global do corpo. Uma "imagem do corpo" subsistente após a amputação. Disso, portanto, é impossível tirar partido contra a percepção | do mo- 53
vimento do corpo próprio, exceto ao condenar, sob o pretexto de salvar a filosofia, todo o desenvolvimento do saber efetivo. Será que o autêntico respeito pela ciência se encontra do lado de uma filosofia que só se mantém às expensas dela? (Tampouco a questão é subordinar, nas relações da psicologia com a filosofia, a fisiologia à ciência. A ciência é somente uma parte de nossa experiência, e a filosofia deve poder ocupar-se de toda a experiência).

Eis a verdadeira questão que se pode colocar: Biran conseguiu ser um filósofo ou somente opôs à filosofia as exigências de uma psicologia? O que ele opôs ao cartesianismo é uma filosofia, uma concepção do Ser, ou somente uma psicologia, simples tematização de um setor do Ser? Biran dá frequentemente a impressão de tender para o psicologismo, por exemplo, quando declara fazer uma filosofia do tato, e não da visão: frase imprudente, pois não se trata de conceder todo o ser como tátil e a

---

[133] *Op. cit.*, p. 7.

[134] *Recherche*, I, X, § 3; *O.C.*, t. I, p. 125; citado por Brunschvicg, *ibid.*

consciência da visão não é recusada pelo fato primitivo. Se Biran permaneceu frequentemente abaixo da filosofia, não é por ter interrogado a evidência da ideia (pois essa interrogação é a própria filosofia), mas, ao contrário, por não ter interrogado o próprio Ser.

Examinemos agora a Introdução do *Essai sur les fondements de la psychologie* para buscar o que responde ao problema que nós nos colocamos (em seguida consideraremos outros textos).

Vejamos inicialmente o papel que ali é desempenhado pela noção de fato. Biran reprova Condillac por tomar como ponto de partida um termo – a sensação – que ainda não tem tal caráter. "A sensação, tal como considerada por Condillac e igualmente por Bonnet, cada um ao seu modo, quando quiseram situar-se na origem do conhecimento, a sensação simples, digo, ainda não é um fato".[135] Quanto a Biran, ele parte do pensamento, e nisso é cartesiano (há abstratos provenientes dos adjetivos e abstratos "provenientes dos verbos";
54 os primeiros têm apenas um | valor convencional; os segundos "exprimem a ação de uma força viva",[136] e o pensamento é deste tipo, diferentemente da sensação). Mas, a partir dessa noção de fato, sua posição se separa da de Descartes.

"Tudo o que existe para nós, tudo o que podemos perceber fora, sentir em nós mesmos, conceber em nossas ideias, só nos é dado sob o título de fato".[137] E Biran

---

[135] *Op. cit.*, "Introdução", II: Tisserand, t. VIII, p. 15 [F. Azouvi, t. VII-1, p. 2]; Gouhier, p. 78-79.

[136] *Mémoires sur la décomposition de la pensée*, "Primeira parte", "Introdução", § 5: Tisserand, t. III, p. 92 [F. Azouvi, t. III, p. 339-340].

[137] *Essai sur les fondements*, "Introdução", II: Tisserand, t. VIII, p. 14-15 [F. Azouvi, t. VII-1, p. 1]; Gouhier, p. 77.

acrescenta: "Para nós só há fato enquanto temos o sentimento de nossa existência individual e o sentimento de algo, objeto ou modificação que concorre com tal existência e é distinto ou separado dela. Sem esse sentimento de existência individual que em psicologia denominamos *consciência* (*conscium sui, compos sui*), de modo algum há fato que possa ser dito conhecido, de modo algum conhecimento de qualquer espécie; pois um fato não é nada se não for conhecido, isto é, se não houver um sujeito individual e permanente que conhece".[138] Só há fato, portanto, para uma testemunha. O fato encerra uma referência a alguém para o qual ele acontece. É esta noção, e não imediatamente a consciência, que Biran toma como ponto de partida. A consciência é uma "existência para si" (noção que Biran redescobre fora de toda influência hegeliana). Biran não parte de um ser que se esgote na consciência que ele tem de si mesmo, mas de um ser que está em via de tomar consciência de que ele existe, que luta por isso contra uma opacidade prévia, um ser que busca "tornar-se eu". Na expressão "fato de consciência", a palavra *fato* (no singular) não é entendida mais no sentido dos psicólogos (que com ela designam um acontecimento do mundo). Designa uma "facticidade" essencial para a consciência, uma síntese de interioridade e de exterioridade.

Esse fato traduz uma relação. "Todo fato traz necessariamente consigo uma relação entre dois termos ou dois elementos que são dados assim em conexão, sem que nenhum deles possa ser concebido nele mesmo em separado
de si. Assim o *eu* não pode | ser conhecido senão numa 55
relação imediata com alguma impressão que o modifique,

---

138 *Op. cit.*, Tisserand, t. VIII, p. 15 [F. Azouvi, t. VII-1, p. 2]; Gouhier, p. 78.

e, reciprocamente, o objeto ou o modo, quaisquer que sejam, só podem ser concebidos sob a relação com o sujeito que percebe ou que sente. Daí provém o título muito expressivo de dualidade primitiva".[139] Esta dualidade é irredutível: "todo apelo dos dois elementos à unidade é absurdo e implica contradição".[140] E Biran escreve logo adiante a propósito das categorias: "Dir-se-á que são inatas no sentido em que, como o diz Leibniz, o sujeito pensante é inato a si mesmo? Responderemos que esse mesmo sujeito não é inato, mas que é constituído como tal em um fato ou relação primitiva".[141] Compreendamos bem esta palavra "constituído": o sujeito não é derivado de outra coisa, mas se refere por essência a outra coisa.

A partir daí, Biran podia elaborar aquela noção inicial de dualidade originária e dela extrair uma filosofia. Ora, na verdade ele não o fez: o mais das vezes, no lugar de ultrapassar a alternava de Condillac e de Descartes, ele recai na justaposição da reflexão e do empirismo. O *Essai* adota alternativamente ambas as perspectivas, oscilando entre o ponto de vista do fato primitivo e a simples descrição do "como" da consciência. Ora, se a dualidade primitiva é irredutível, a teoria do fato primitivo deve ser profundamente transformada. A distinção do "primitivo" e do "derivado" (Biran fala de "dependências" ou de "derivações imediatas do fato primitivo"[142]) não é concebível; tudo é igualmente primitivo. Não é possível validamente deduzir as categorias a partir da experiência íntima, para aplicá-las em seguida às coisas; as segundas não se explicam

---

[139] *Op. cit.*, "Introdução", II: Tisserand, t. VIII, p. 19-20 [F. Azouvi, t. VII-1, p. 4]; Gouhier, p. 81-82.

[140] *Ibid.*, Tisserand, t. VIII, p. 31 [F. Azouvi, t. VII-1, p. 12]; Gouhier, p. 91.

[141] *Ibid.*, Tisserand, t. VIII, p. 33 [F. Azouvi, t. VII-1, p. 14]; Gouhier, p. 93.

[142] *Ibid.*, Tisserand, t. VIII, p. 33 [F. Azouvi, t. VII-1, p. 13]; Gouhier, p. 94.

pelas primeiras. Biran não deveria ter adotado nem modelo
exterior nem modelo interior. Se tivesse feito uma crítica
suficiente das duas ordens de experiência, externa e inter-
na, Biran teria se dado conta do absoluto paralelismo dos
problemas que se põe aqui e ali. Aliás, há uma passagem em
que Biran aceita | tal paralelismo. Ao tratar da experiência 56
externa, ele distingue "a arte de observar os fatos que se
apresentam de si mesmos a nossos sentidos, e outra arte
para descobrir os que se ocultam, para *atormentar a natureza*,
como diz o próprio Bacon, e forçá-la a nos desvelar o seu
segredo".[143] E acrescenta: "mas se a primeira arte da *obser-
vação* interior, foi felizmente cultivada pelos psicologistas,
discípulos de Locke, a segunda, bem mais difícil, a da *ex-
periência* interior, foi verdadeiramente praticada?".[144] Assim,
tanto dentro quando fora, o verdadeiro método é uma
interrogação ativa e não um simples registro. O próprio
fato de aproximar as duas séries, interna e externa, mostra
que Biran não se considera mais próximo de uma ou de
outra. Já não há mais privilégio do interno: a experiência
interior deve ser um esforço para captar uma interioridade
inicialmente opaca. Tal texto está além do empirismo: ao
antecipar a fenomenologia, Biran parece orientar-se no
rumo de uma filosofia indiferente à distinção do interior
e do exterior. No mesmo sentido, é possível mencionar
a página em que cita: "o conhecimento de que se trata
não é o dos órgãos, nem das impressões estranhas ou das
manchas [*Plagae per sensus inflexae externa quasi vi*. Lucrécio],
às quais estão submetidos. Tudo isso é o *eu* que reside
inteiramente no senso íntimo ou na consciência daquela

[143] *Ibid.*, "Introdução", IV: Tisserand, t. VIII, p. 52 [F. Azouvi, t. VII-1, p. 28]; Gouhier, p. 108.

[144] *Ibid.*

livre atividade que o constitui".[145] A relação entre o eu e os sentidos é tal, que é possível tratar os sentidos somente como simples modalidades do eu, como uma perda de sua unidade: são exteriores a ele.

Quando ele estuda as relações da psicologia (no sentido moderno: como ciência do sujeito instalado no mundo) e da reflexão (tal como ele o entende), Biran não deixa de hesitar. Deve-se separar o eu da sensibilidade? O eu é a condição do sentido ou é posterior a ele? Ora Biran separa o eu da sensibilidade, de modo que, ao mesmo tempo em que cita o *cogito* incessantemente, ora ele afirma, no
57 entanto, que é possível falar de "sensibilidade | sem eu": afecções simples, percepções obscuras, pré-consciência.[146] Ele reprova Locke por admitir, desde a primeira sensação, a presença de uma personalidade individual constituída de um eu inato e sem origem. Quer mostrar, contra Kant, que a distinção da forma e da matéria do conhecimento não é "puramente lógica".[147] Ora reafirma, ao contrário, o seu princípio que a dualidade originária é irredutível e indissociável: não há sensibilidade do eu mais do que eu sem sensibilidade. Nesse espírito, julga a dúvida cartesiana contrária ao fato primitivo: o mundo e o eu são duas perspectivas absolutamente correlatas. Mas ainda aqui ele hesita; oscila entre "o fato primitivo" (concepção cartesiana) e "os fatos primitivos" (concepção de Condillac),

---

[145] A expressão latina remete a Lucrécio. *Op. cit.*, "Introdução", VI: Tisserand, t. VIII, p. 84 [F. Azouvi, t. VII-1, p. 52]; Gouhier, p. 134.

[146] Cf. *Mérmoires sur la décomposition de la pensée*, segunda parte, seção I, cap. I, §§ 1-2: Tisserand, t. III, p. 141-154 [F. Azouvi, t. III, p. 135-140]; *Rapport des sciences naturelles avec la psychologie*, "Introdução", I, V: Tisserand, t. X, p. 48 [F. Azouvi, t. VIII, p. 7]; Gouhier, p. 160 etc.

[147] *Essai sur les fondements*, "Primeira parte", seção I, cap. I, § 3: Tisserand, t. VIII, p. 141 [F. Azouvi, t. VII-1, p. 87].

à procura de uma terceira solução, mais dialética, que ele entrevê sem nela se manter, e que não será nem cartesiana nem empirista. Ele gostaria de fazer compreender, ao mesmo tempo, como há unidade reflexiva da experiência (isto é, totalidade), e como há um desenrolar temporal da experiência (isto é, gênese). Brunschvicg, ao citar a página dos *Fondements de la psychologie*,[148] em que Biran comenta a *Dissertation de 1770*, escreve: "O eu é, portanto, verdadeiramente *abstrahens* em sua ação reflexiva, e não *abstractus*", e constata que Biran pudera "entrever o que o gênio kantiano tinha de original e de fecundo, e como era capaz, pela análise reflexiva, de definir a orientação propriamente moderna do pensamento".[149] Mas às vezes Biran – como veremos – vai no sentido inverso até vincular essa capacidade interna de reflexão à interioridade da voz: assim o próprio corpo refletiria... Vê-se que Biran não elaborou verdadeiramente a terceira posição a que visava!

| Consideremos agora as relações da motricidade com o pensamento. Desfigura-se o pensamento de Biran quando centrado na experiência do sujeito que move seu corpo. Biran partiu de Schelling e de Fichte (citado por ele segundo Degérando), na *Mémoire sur la décomposition de la pensée*,[150] e tomou-lhes emprestado a ideia de que querer é a condição do eu. Portanto, é ilegítimo dizer que ele abandonou o sujeito pensante em benefício do sujeito motor. Este erro deve-se ao fato de que Biran ofereceu inicialmente uma exposição extrínseca e simbólica de seu pensamento, traduzindo sua intuição em termos psicológicos. 58

[148] Plaville, t. I, p. 307: Tisserand, t. VIII, p. 272 [F. Azouvi, t. VII-1, p. 200].

[149] *L'expérience humaine*, ed. cit., p. 40.

[150] *Mérmoires sur la décomposition de la pensée:* t. III, p. 180-181 [F. Azouvi, t. III, p. 108-111].

Tal intuição se exprime, em contrapartida, de modo direto, no *Essai sur les fondements de la psychologie*, onde se pode ler: "Se a percepção distinta não é anterior, como creio, a um exercício qualquer da vontade, esta última tampouco poderia vir antes de um grau qualquer da percepção; e, embora seja verdadeiro dizer que o ser pensante não pode começar a conhecer, exceto quando começa a agir e a querer, não é menos verdadeiro, segundo a expressão comum, que não se pode querer expressamente o que não se conhece de alguma maneira".[151] Em outros termos, há implicação mútua da vontade e da percepção, o que não quer dizer que Biran reduza uma a outra. O que significa essa implicação mútua? Que é preciso reformar a teoria da percepção. Em nossos dias, a psicologia da forma considera o "setor perceptivo" e o "setor motor" como elementos de um mesmo sistema global. Perceber é orientar-se no rumo de uma coisa, visá-la. Agir é pôr em movimento uma intenção dotada de um sentido. Isso exige que o conhecimento seja uma "maneira de se comportar em relação a...", e que a ação seja integrada ao eu percipiente. Biran fala no mesmo espírito sobre um caso de paralisia completa, *em que* o indivíduo não tem mais o sentimento de existir. O que ele quer nos fazer compreender é que não há diferença entre mover seu corpo e percebê-lo. Biran não quer destituir a consciência, mas redefini-la.

59 | É o que mostra uma página sobre a experiência da liberdade: "Daí concluo que a liberdade, considerada como o sentimento de um poder em exercício, supõe a realidade deste poder, como o sentimento íntimo de minha existência nos prova a sua realidade. E como disse

---

[151] *Essai sur les fondements*, primeira parte, seção II, cap. II: Tisserand, t. VIII, p. 197 [F. Azouvi, t. VII-1, p. 127].

Descartes: eu me sinto existir (ou penso), portanto, existo realmente, o mesmo se dirá, e com uma evidência de mesma ordem de primazia: eu me sinto livre, portanto, sou. Se o sentimento de poder me enganasse, se eu pudesse duvidar ainda, se, no momento em que me determino, em que faço um esforço, é um outro ser, uma outra potência invisível, que é causa de minha determinação, que exerce o meu esforço e executa o meu querer; eu poderia duvidar igualmente, se, quando sinto ou apercebo a minha existência individual, não é um outro ser que existe em meu lugar".[152] Biran não quis, como mostra esta página, fazer outra coisa senão restituir ao Eu Penso o que ele considerava como o seu sentido pleno. Ele fala, aqui, como se Descartes admitisse, sem reserva, a ideia ocasionalista, e afirma o poder motor do corpo nesses termos, que são os mesmos pelos quais Descartes afirmava a existência do eu. O Eu Penso não é restringido, mas alargado: se posso pôr em dúvida tal ou qual dado sensível, relativo ao mundo exterior, devo finalmente fazer compreender como me sinto situado neste mundo. A crítica de Malebranche não nos faz compreender como podemos ter a própria noção de um movimento efetivo: eu não me colocaria nenhuma questão sobre os meios de meu movimento, se não tivesse, de início, consciência de mover meu corpo.

O *Essai sur les fondements* contém, enfim, uma tentativa de introduzir a noção de uma espacialidade corporal, suplantando a alternativa da reflexividade e do empirismo. Existe, ao lado do espaço exterior, indefinidamente divisível, que é o objeto da visão ou do tato, uma extensão interior do corpo, objeto da apercepção imediata. Esta

[152] *Op. cit.*, primeira parte, seção II, cap. IV: Tisserand, t. VIII, p. 257-258 [F. Azouvi, t. VII-1, p. 185].

extensão é o lugar de todas as impressões internas. "Ao considerar todas as partes locomotoras do corpo como
60 reunidas em uma só massa, | submetidas ao impulso de uma só e mesma vontade, o sujeito do esforço atual, que se distingue desse composto, que resiste por sua inércia e obedece à potência motriz, terá a apercepção desse contínuo resistente, isto é, de uma extensão interior, mas ainda sem limites e sem distinção de partes [...]. Para que as impressões possam ser localizadas nas diferentes partes do espaço interior do corpo próprio, é preciso que as partes tenham sido distintas ou postas, por assim dizer, fora umas das outras pelo exercício repetido de seu sentido próprio e imediato. Mas o sistema geral muscular se encontra naturalmente dividido em muitos sistemas parciais, que oferecem tantos outros termos distintos à vontade motriz. Quanto mais esses pontos de divisão se multiplicam, mais a apercepção imediata interna se esclarece e se distingue, mais a individualidade ou a unidade do sujeito permanente do esforço se manifesta por sua própria oposição com a pluralidade e a variedade dos termos móveis. Ao se colocar fora de cada um, o eu aprende a colocá-los uns fora dos outros, a conhecer seus limites comuns e a eles relacionar as impressões".[153]

Correlativamente a essa espacialidade anterior ao espaço, Biran introduz um método de análise simultânea do dentro e do fora. "Nosso poder primordial ou o império da vontade sobre os membros é evidentemente *conhecido*, mas somente no que é sentido e não no que é representado fora, como poderia sê-lo um mecanismo estranho. Somente ao se haver com essa representação e ao considerar

---

[153] *Op. cit.*, primeira parte, seção II, cap. III: Tisserand, t. VIII, p. 208-209 [F. Azouvi, t. VII-1, p. 142-143].

o movimento exterior como um efeito do qual a vontade seria supostamente a causa, é verdadeiro dizer que o poder não pode ser conhecido no efeito, e vice-versa, pois ambas as concepções são heterogêneas, uma se fundando unicamente sobre um sentido interior, e a outra, sobre um sentido exterior [...]. Como não se veria a oposição entre ambos os tipos de conhecimento, oposição sem a qual, no momento em que a vontade fosse mover um membro, se os instrumentos de motricidade pudessem ser representados no lugar de serem sentidos ou apercebidos interiormente, a vontade não nasceria | jamais? Assim, também, se re- 61
presentássemos os nervos da retina ou o agente luminoso, não veríamos mais as cores; e como os olhos organizados para ver de dentro de si mesmos poderiam ver o que está fora? É assim que, para conhecer objetivamente as molas ocultas de suas próprias volições, seria preciso, ao mesmo tempo, ser eu mesmo e um outro".[154] O conhecimento do corpo não pode, portanto, ser nem puramente exterior nem puramente interior. Se quiséssemos de uma só vez habitar nosso corpo e conhecê-lo, seria preciso ser, de uma só vez, eu mesmo e outrem: nisso, há o ponto de partida de uma tentativa geral de fundar, de direito, a dualidade primitiva do fora e do dentro.

Noção de fato, relações da reflexão com a psicologia, relações do pensamento com a motricidade, espacialidade corporal: teremos de seguir estes quatro temas em sua elaboração, antes e depois do *Essai*.

[154] *Op. cit.*, primeira parte, seção II, cap. IV, § 2: Tisserand, t. VIII, p. 231 [F. Azouvi, t. VII-1, p. 163-164].

| Nona aula 62

Biran e as filosofias do *cogito*

A noção de fato desempenha um grande papel em Biran, como vimos, e a ela é que voltaremos inicialmente. Biran não entende a palavra "fato" no sentido corrente (algo que vem de fora e que notamos), mas se coloca em terreno novo. Entende por "fato" algo que é captado em uma reflexão em estado nascente, onde reflexionante e refletido estão em vias de se distinguir. O fato, assim entendido, não é algo que existe em si, face a mim; a consciência que dele temos não está livre e distante para com ele. Biran toma por tema uma reflexão que se volta para o irrefletido onde ela se enraíza, uma atividade emergindo da passividade.

O *cogito* deve, portanto, ser reformado profundamente. Descartes obtinha a certeza ao preço de uma renúncia a toda relação com outra coisa que não o eu. O vazio que eu criei mede a certeza. Decerto, é possível dizer que o *cogito* não me faz perder tudo: encontro, enquanto pensamento, o que a dúvida havia afastado. Perco, no entanto, contato com o que não é o pensamento; o que é mantido é a intenção de pensamento, não o seu conteúdo como pensamento disto ou daquilo.

O objeto que eu via se esfuma; o que subsiste é somente uma visão presuntiva.

Com a noção biraniana de "fato", seria possível conceber um *cogito* de pensamento operante ou atual, que
63 encerra algo do implícito | ou do incerto. Sua afirmação resume e condensa uma série de intuições ainda por vir. Se eu disser, por exemplo, que vejo efetivamente, um acréscimo intervém: todos os desenvolvimentos possíveis que me prometo ao dizer que vejo azul ou vermelho, intuições inatuais que conferem espessura ao *cogito* e nele incluem uma série de relações do eu com o mundo, relações não explicitadas e sem completa transparência. O *cogito* se torna certeza na presença de certos resultados. Não foi dito: "à medida que se reflete, tem-se menos certeza?" A certeza é, ao contrário, prévia às análises e às reflexões: é ela que as torna possíveis. É preciso que haja de início essa experiência da verdade: se eu a revogo em dúvida, minha busca do verdadeiro perde todo o sentido. Pensar é captar os resultados dos quais não temos todas as premissas. Não é preciso fundar o pensamento atual sobre o pensamento possível, mas fazer o inverso. De aproximação em aproximação, por exemplo, minha certeza do vermelho ou do triângulo faz parte desse sistema de certezas que se chama mundo, e com o qual me descubro em relação, desde que sou.

Seria possível conceber assim o abandono da filosofia criteriológica, baseada na experiência do erro, em benefício de uma filosofia endossada pela experiência da verdade, endossada pela certeza atual. A dúvida não deve ser compreendida como a resolução de negar tanto quanto nos seja possível, mas como uma ruptura com a nossa certeza imediata, destinada a nos fazer aprofundá-la: um espanto mais que uma desconfiança.

O Gênio Maligno, como possibilidade do erro, subsistiria, mas mudando de aspecto: a ideia de que o erro nos ameaça a partir do momento em que nos entregamos a algo que o nosso pensamento não circunscreveu, no lugar de ser uma hipótese onerosa ao ponto de nos deixar apenas a nossa intimidade conosco, colocaria em evidência a intimidade de meu pensamento consigo mesmo, em sua ultrapassagem no rumo do objeto. Duvidar seria se reunir à distância, antecipar-se.

Seria preciso se perguntar se a certeza descrita por Descartes, quando vista de perto, não encerra já uma ultrapassagem de si mesma. Se se busca o que há por trás
das palavras do *cogito*, | apercebe-se que tal identidade 64
do pensamento consigo mesmo é captada apenas em sua ultrapassagem. O "Eu" não seria mais uma prudência, mas um sucesso possível. Assim também o sujeito da liberdade seria menos compreendido como escolha e poder de escolhas plurais do que, como escolha já feita, exercício a partir de escolha já consumada.

Tal é a via desenhada pela concepção biraniana sobre a identidade do pensamento com a motricidade querente: embora sejamos consciência e liberdade, temos de nos tornar, revelar e fazer consciência e liberdade. É preciso, portanto, aceitar nos pensar como uma antítese vivente. Seria possível, assim, ultrapassar a alternativa da interioridade espiritual e do psicologismo. A este respeito, escreve Brunschvicg: "Na descrição [que Biran] apresenta de um fato de sentimento, há algo que, manifestamente, contradiz o caráter constitutivo de um fato enquanto fato: o sentimento deveria ser capaz de ultrapassar a atualidade do momento em que ele se produz efetivamente, de maneira que pudesse atingir, para além do presente, da apercepção imediata, a virtualidade que precedeu o dado do sentido íntimo e que está destinado a lhe sobreviver. Em outras palavras, e antes de reconhecer que as afirmações de Biran fossem suscetíveis, não chego sequer a falar de verdade, mas de significação, seria preciso admitir uma experiência que nos assegurasse a posse tanto de si mesmo como do além de si mesmo, como se ela pudesse ser, ao mesmo tempo e em seu próprio nível de manifestação, passageira e no nível superior de entidade persistente a se escoar no tempo e reter, no entanto, a plenitude do tempo. Tal experiência é um monstro psicológico, do qual se compreende que Biran tenha hesitado em reivindicar a paternidade".[155] "Monstro psicológico"? Talvez, mas o homem é precisamente um monstro, pois ele *se* temporaliza.

De fato, Biran, o mais das vezes, oscilou entre os termos dessas diversas alternativas. Ele entreviu, por exemplo, a prioridade do atual sobre o possível, da existência sobre a essência. Ao menos uma vez, reprovou
65 Descartes por ter buscado descobrir se o mundo | era real, no lugar de buscar ver o mundo. Entreviu uma espacialidade do corpo, anterior à espacialidade objetiva, uma presença do exterior no próprio seio da consciência de si. Viu que a consciência de si é ao mesmo tempo consciência do corpo. Bem disse que, embora sejamos consciência, precisaríamos transformar essa consciência de nós mesmos em conhecimento de nós mesmos, graças aos signos. Mas tudo isso é, sem cessar, compromisso. Ao mesmo tempo em que ele enraíza o eu em um corpo aproximado do eu, recai no fisiologismo.[156] A respeito do eu, ele retoma a posição de um observador externo e

---

[155] *L'expérience humaine et la causalité physique*, ed. citada, p. 37.

[156] IIª e IIIª partes do *Essai*.

trata o eu como algo que se pode explicar. Condiciona o fato primitivo ao exterior e encontra o ponto de vista de um estranho, correndo o risco, assim, de sair da filosofia e tornar-se psicólogo.

Biran teria saído da filosofia somente se tivesse encontrado, nessa nova dimensão, a corporeidade, um mundo vivido e os outros, no lugar de tematizar apenas uma parte do ser. Na maior parte do tempo, ele oporá setor a setor, psicologia a ontologia. Ao falar de Malebranche, ele lhe reprovará ter-se colocado no ponto de vista da ontologia, o que implica que ele próprio se tome por um simples psicólogo e admita não fazer filosofia.

Verifiquemos tudo isso brevemente retomando, de início, os textos em que Biran se compara aos filósofos do *cogito*: Descartes, Malebranche, Kant; em seguida, onde ele trata do problema de modo lateral, a propósito do espaço e do tempo, dos sentidos, dos signos. Estes últimos textos supõem resolvido o problema central e mostram como Biran concebeu a consciência.

Decerto, Biran teve a vontade de reunir de uma só vez a forma e os conteúdos da experiência. O filósofo, sobretudo se é idealista como Kant, não se apega em princípio aos conteúdos, mas à sua forma. O psicólogo tende a reduzir a forma aos conteúdos. Ora, é possível conceber uma filosofia que ponha fim a essa distinção absoluta e considere a forma como a maneira pela qual
o conteúdo se apresenta. A forma | seria, então, traçada 66
em filigrana no conteúdo. Psicologia e filosofia se identificam, assim, sem nenhum dano, pois, doravante, a filosofia capta as estruturas universais de nosso mundo. Ora, Biran esquece frequentemente essas estruturas universais, e é notadamente sensível a propósito do tempo. Ele mostra justamente que o tempo vivido começa com

as iniciativas absolutas de um sujeito, o sujeito motor. Mas teria sido interessante mostrar como se inaugura, na experiência do sujeito livre, uma dimensão do porvir decorrente do futuro ao passado. Nada parecido em Biran: o tempo vivido escoa para ele do passado ao porvir. Os conteúdos só deveriam intervir em tais análises se trouxessem algo à estrutura universal do tempo. Ora, Biran pressupõe constantemente a intuição de uma temporalidade clássica, no interior da qual nossas iniciativas põem sucessivamente unidades do tempo. O biranismo é uma filosofia de boas intenções.

O modo pelo qual Biran comenta as *Meditações* de Descartes nos informa sobre o seu próprio *cogito*. "A certeza que tenho de minha existência não é a de um ser abstrato, mas de um indivíduo que se sente modificado em um corpo extenso, inerte, organizado, sobre o qual ele age. A certeza da existência deste corpo faz, portanto, parte essencial daquela que tenho de meu ser".[157] De maneira conjunta, portanto, Biran afirma a evidência indubitável do corpo e do pensamento, mas não imagina afirmar o sujeito motor contra o sujeito pensante. Ele só introduz o sujeito motor sob o título de sujeito capaz de portar o pensamento: o sujeito motor é pensante: "[...] Encontramos em nós mesmos a inteligência que opera pelo querer".[158] Vontade e entendimento são indissociáveis. É possível, portanto, admitir que Biran teve a intenção de mostrar que a presença do corpo seria necessária ao próprio pensamento.

---

[157] *Commentaire sur les Méditations métaphysiques*, I: Tisserand, t. XI, p. 82 [F. Azouvi, t. XI-1, p. 33].

[158] *Notes sur quelques passage de l'abbé de Lignac*: Tisserand, t. X, p. 348 [F. Azouvi, t. XI-2, p. 61].

"O corpo concorre tão necessariamente para a intelecção quanto para a imaginação. Com efeito, não conceberia mais o triângulo do que o miriágono, se não houvesse signos aos quais os conceitos | estivessem 67
ligados, e, ademais, se não houvesse a ideia de uma extensão exterior da qual a percepção imediata de meu próprio corpo seria o tipo necessário".[159] Aqui, portanto, o signo desempenha o papel de termo médio. "Todo signo é necessariamente material ou tirado de um de nossos órgãos. Para conceber, é preciso, portanto, que o espírito, auxiliando-se de alguns signos, se volte também para o corpo de uma maneira qualquer. É verdade que a função do corpo ou do cérebro, na pura intelecção ou na concepção das ideias que não se relacionam com sentidos exteriores, é diferente do que acontece na imaginação ou na representação das ideias que se relacionam com um sentido interior qualquer, o cérebro sendo mais ativo neste último caso ou requerendo um desdobramento de esforço mais enérgico, mais preciso da parte da alma. Mas não se pode concluir daí que o corpo não tome nenhuma parte no intelecto ou no ato qualquer do pensamento; e, se nisso não tomasse nenhuma parte, não haveria nenhum eu, por conseguinte, nenhum pensamento".[160]

Esse texto mostra a força de Biran: ele sabe que o sujeito motor porta suficientemente o pensamento para ter direito à qualidade de primitivo. Mas mostra também a sua fraqueza, que é recorrer ao signo – e somente a ele – para religar o pensamento ao corpo. Incessantemente à beira da intuição autêntica do corpo próprio, ele se

[159] *Commentaire sur les Méditations métaphysiques*, VI: Tisserand, t. XI, p. 128 [F. Azouvi, t. XI-1, p. 63].

[160] *Ibid.*

reduz a dizer que "o cérebro desempenha um papel" no pensamento. A corporeidade não intervém do interior, mas do exterior, para o observador de um cérebro. Seria preciso captar o signo do interior, o que Biran – muito próximo ainda dos "ideólogos" – não faz.

Quando critica Descartes, Biran lhe reprova inicialmente o que chama "a ficção da dúvida": "A ficção da dúvida repugna ao espírito relativamente às verdades desta ordem: penso, existo como coisa pensante ou substância; sou causa de certos atos ou modificações ativas de meu ser; sou sujeito passível de outros modos que começam e terminam sem minha vontade; há causas e
68 substâncias outras | que não eu. Descartes desconheceu a autoridade das leis primitivas, inerentes ao espírito humano: ele não viu que se fosse possível pôr em dúvida por um só instante as verdades necessárias, não poderia mais haver nada de verdadeiro nem de certo para o nosso espírito".[161] Texto repleto de dificuldades: Biran não vê que, diante da dúvida, há inversão de valores e que, para a dúvida avançada, a aparência se torna válida. Ele a considera simplesmente fictícia. Ora, se se suprime a dúvida hiperbólica, suprime-se ao mesmo tempo o único meio que temos de nos apercebermos como capacidade de renascer sempre enquanto pensamento. O *cogito* torna-se uma simples conversão aos fatos psíquicos. Subentende-se, então, um observador absoluto dessa alma pensante e perde-se o resultado essencial do *cogito*, seja o de que o sujeito se torne coisa psíquica, seja o de que se torne espírito absoluto. No entanto,

---

[161] *Commentaire sur les Méditations métaphysiques*, I: Tisserand, t. XI, p. 81-82 [F. Azouvi, t. XI-1, p. 33].

em um texto de juventude, a *Méditation sur la mort près du lit funèbre de sa sœur Victoire*, Biran se diz "espantado por sentir-se existir",[162] o que exclui a atitude de pura e simples notação de si como fato bruto. Em tal espanto há uma consciência da contingência de si mesmo, uma interrogação sobre esse fato. Isso poderia ser fecundo. Por que Biran não compreendeu em Descartes o que mais deveria ter lhe agradado?

Reprova também a Descartes não ter ligado o pensamento à ação, pois "esse eu, que assim se redobra para afirmar a sua existência e daí concluir a realidade absoluta, exerce, por isso mesmo, uma ação, faz um esforço".[163] Aqui, Biran faz explicitamente profissão de reintegrar o pensamento à ação.

A ele ainda reprova ter provado o mundo no lugar de constatá-lo. A questão da realidade do mundo é um disparate;[164] precisamos perguntar o que ele é, não se ele é. Biran recusa toda espécie de raciocínio causal que remeteria a um mundo em si: o sentimento dá testemunho de haver algo que | se pode chamar de "mundo". 69
"Não nego que essas ideias não se encontrem em mim", dizia Descartes.[165] E Biran responde: "Você está errado ao não negá-lo, pois se há algo que você possa dizer que apercebe clara e distintamente é que o que você chama as ideias ou imagens do céu, astros, está fora de você, ou se representa como estranho a seu *eu*, tanto é preciso

[162] Tisserand, t. XI, p. 12 [F. Azouvi, t. I, p. 10].

[163] *Mémoires sur la décomposition de la pensée*, primeira parte, "Introdução", § V-IV: Tisserand, t. III, p. 139 [F. Azouvi, t. III, p. 364].

[164] "*Non-sens*", no original. (N.T.)

[165] "Terceira meditação": A.T., t. IX, p. 28; Bridoux, p. 285; Alquié, t. II, p. 431.

que elas se encontrem no *eu*. O que está em você, ou lhe pertence, é o juízo ou o pensamento de que as coisas lhe são exteriores ou estranhas a você mesmo; e não pode fazer outra coisa senão afirmá-lo no que apercebe tão clara e distintamente que você apercebe que é um ser pensante. Quando julga assim haver fora de si coisas de onde procedem tais ideias, não se engana e não precisa de nenhum outro conhecimento para apoiar a verdade desse primeiro sujeito. Mas quando afirma que suas ideias são *semelhantes às coisas*, ou mais, que a coisa percebida é nela mesma tal que você a apercebe pela intromissão de um sentido que pode não ser apropriado ao objeto, você afirma além da percepção, e o seu juízo pode ser errôneo ou duvidoso. Vejo o céu como uma abóboda azul rebaixada. Afirmo que tais aparências visíveis acontecem porque apercebo clara e distintamente; afirmo também que o que apercebo está *fora de mim*, embora eu arrisque um falso juízo ao atribuir ao objeto, necessariamente apercebido como exterior, modos ou qualidades que não estão nele".[166]

[166] *Commentaire sur les Méditations métaphysiques*, III: Tisserand, t. XI, p. 91-92 [F. Azouvi, t. XI-1, p. 39-40].

| Décima aula 70

Biran e as filosofias do *cogito* (fim)

Biran havia reprovado Descartes: pela "ficção da dúvida", pelo "realismo mediato", ao qual Biran opõe a identidade numérica da ideia da extensão e da própria extensão, ligando a essência à existência e recusando distinguir a essência de sua manifestação,[167] a insuficiente ligação do pensamento e da ação. O pensamento de que estamos certos não deve ser tomado em um sentido restritivo, mas de uma única tomada e com tudo o que ele implica. Ou antes, há algo mais originário do que o pensamento: o sujeito em vias de exercer-se em certos atos. A própria reflexão dele procede, se for verdade que "este eu que se redobra [...] por isso mesmo exerce uma ação".[168] Em suma, "talvez só tenha faltado a Descartes ligar o pensamento à ação, assim como a existência ao pensamento, e se ele o tivesse feito, seu pensamento teria tomado outra direção".[169]

---

[167] Cf. *Commentaire sur les Méditations métaphysiques*, V: Tisserand, t. XI, p. 121 [F. Azouvi, t. XI-1, p. 57].

[168] *Mémoires sur la décomposition de la pensée, loc. cit.*, Tisserand, t. III p. 139 [F. Azouvi, t. III, p. 364].

[169] *Ibid.*

Estes temas serão reencontrados na crítica de Biran a Malebranche.

Ao longo dessa crítica, Biran opõe inicialmente a psicologia à ontologia; em seguida, ao contrário, tende a identificá-las. Entrevê, então, uma definição nova, ampliada, do psicológico. Em suas *Notes sur certains passages de Malebranche et de Bossuet*, ele cita um fragmento das
71 *Méditations* | *chrétiennes*: "Mas bem vejo o que ainda o engana: para mexer o braço, não basta que você o queira, para tanto é preciso que faça algum esforço. E imagine que tal esforço, do qual tem sentimento interior, é a causa verdadeira do movimento que o segue: porque esse movimento é forte e violento, proporcional à grandeza de seu esforço. Mas, meu filho, vê você claramente alguma relação entre o que chama esforço e a determinação dos espíritos animais nos tubos dos nervos que servem aos movimentos que você quer produzir?".[170] E, inicialmente, ele responde: "aqui Malebranche confunde os dois pontos de vista, psicológico e ontológico".[171] Nossa ignorância estaria referida, portanto, ao plano ontológico, não ao plano psicológico, que estaria nitidamente dissociado do primeiro. Ora, algumas linhas adiante, Biran afirma que meu poder motor não é somente certo "para mim", mas "em si" e para o próprio Deus. "Porém, daquilo que sou ou me apercebo como causa, segue-se que eu seja realmente uma causa absoluta, independente? Meu sentimento interior não pode atestar nada, visto que se trata precisamente de saber o que é no absoluto, independente de meu sentimento interior, independente do

[170] VI, XIV; *O.C.*, t. X, p. 64.

[171] *Notes sur certains passages de Malebranche et de Bossuet:* Tisserand, t. XI, p. 147 [F. Azouvi, t. XI-1, p. 128].

eu que existe e que se apercebe. Mas que me importa sabê-lo, e por que perguntá-lo, se, afora o eu, não há mais nada, não há mais vontade, causa, existência conhecida como minha ou concebida como estranha? [...] Quando me despojo de mim mesmo ou quando quero saber se aquilo que é eu, ou que é verdadeiro em mim e para mim, ainda o é sem mim e fora de mim, somente então é que imagino e posso chegar a contradizer as condições primeiras de minha existência, ou renegar o que a constitui. Não tenho, portanto, nenhuma necessidade de conhecer a relação de minha vontade com espíritos animais ou com tubos de nervos, para estar inteiramente assegurado de que o meu esforço é ineficaz. A partir do momento em que ele é para mim ou em meu sentido íntimo, ele o é absolutamente em si mesmo e aos olhos de Deus, e isto é o que constitui a responsabilidade do agente moral".[172] | Portanto, aquilo que nos aparece, é. Aquilo 72
que conceberíamos como sendo em si, não poderia sê-lo fora do campo psicológico, o qual é coextensivo ao ser. É preciso, portanto, restabelecer a ontologia em seu verdadeiro domínio, o do fato primitivo. Aqui Biran se orienta no rumo de uma concepção original do *cogito*, para além do cartesianismo.

Se tentarmos acompanhar em Biran o exercício desse novo *cogito*, o que encontraremos?

Inicialmente, uma concepção nova do "corpo para mim", e, em particular, uma noção original dos sentidos, minha vida subjetiva, em seu estado prévio de irreflexão, comporta sentidos que definem aquilo que Biran chama "a animalidade". Biran tentou descrever o que poderia

[172] *Op. cit.*, Tisserand, t. XI, p. 148 [F. Azouvi, t. XI-1, p. 128-129].

ser o exercício dos sentidos antes do movimento, antes da pessoa. Ele fala de uma "intuição imediata passiva",[173] estados em que "a fraqueza da ação motora exclui o caráter aperceptivo"[174] (portanto, ela não a exclui inteiramente). Sua descrição não se dá sem alguma mitologia: a sensação lhe parece, então, "provir inteiramente pronta de fora",[175] como se a relação com o objeto fosse uma propriedade da própria impressão. Diz respeito a uma espécie de coordenação passiva, no espaço e no tempo, entre tais impressões. Aliás, ele não tem certeza sobre a realidade dessa apercepção pré-pessoal desse espaço e desse tempo primitivos: que é uma apercepção que não se apercebe? No entanto ele discerne bem o problema posto por tais intuições: envolvem elas o eu? "Seria possível dizer", responde ele a Royer-Collard, "que o eu está como envolto em sensações das quais ele não se distingue senão na sequência [...]. Mas trata-se aí de uma hipótese e de modo algum um fato de sentido íntimo".[176] Um cartesiano diria que a construção, a hipótese, é essa ideia de uma sensibilidade sem Eu. Para Biran, ao contrário, a hipótese é introduzir o eu, esse "espectador estranho", na consciência que tal sensibilidade tem de si mesma.
73 Para | Biran, haveria erro em dizer como Descartes: "é a alma que vê, e não o olho".[177]

---

[173] *Mémoires sur les peceptions obscures*, I, III: Tisserand, t. V, p. 29 [F. Azouvi, t. V, p. 18].

[174] *Mémoires sur la décomposition de la pensée*, seção II, cap. I: Tisserand, t. IV, p. 14 [F. Azouvi, t. III, p. 142].

[175] *Ibid.*

[176] *Notes sur un écrit de M. Royer-Collard*: Tisserand, t. X, p. 300 [F. Azouvi, t. VIII, p. 267].

[177] Ver supra, p. 35.

Ele prossegue descrevendo um espaço primitivo, captado pela "contuição",[178] um tempo primitivo do qual ele diz: "Há na audição assim como na visão ainda passiva [...] uma distinção orgânica dos diversos tons que se sucedem em um tempo ou que sucedem harmonicamente sem se confundir";[179] em suma, todo um "pré-mundo" que faríamos desaparecer ao pensá-lo, e do que não podemos perguntar se é da ordem do objeto ou do sujeito. Tal zona neutra é a "realidade fenomênica".[180]

Ao dar essa descrição, Biran seduz, depois, decepciona. Permanece muito próximo do empirismo: para ele, o "sentido íntimo" se limita a constatar. Considera apenas as objeções que seria possível fazer, e os efeitos não correspondem às promessas. – Nele se encontra, no entanto, intuições intermitentes, porém reais. Ele procura um caminho entre o empirismo e o intelectualismo, precisamente a propósito da reflexão. Gostaria de mostrar como esta última é levada por certos dispositivos de natureza corporal, os da audição, por exemplo, sem deles ser o puro resultado.

Na IVª seção da IIª parte do *Essai*,[181] Biran se pergunta de onde provêm as referências fundamentais do pensamento ao objeto e ao eu. Esses traços universais não podem ser relacionados ao órgão sensorial. Como se articulam entre si? Pela reflexão, que deles faz captar

[178] *Correspondance philosophique*: Tisserand, t. VII, p. 419 [F. Azouvi, t. XII-1, p. 123].

[179] *Essai sur les fondements*, segunda parte, seção I, cap. III, § 4: Tisserand, t. IX, p. 301 [F. Azouvi, t. VII-2, p. 220].

[180] *Note sur l'idée d'existence*: Tisserand, t. XIV, p. 174 [F. Azouvi, t. X-2, p. 286].

[181] Cap. I, "De l'origine de la réflexion".

a armação. Ora, a consciência sob a influência do hábito esquece continuamente a sua própria origem. Para que a reflexão seja possível e os sentidos descubram a sua própria atividade, é preciso que intervenha um dispositivo corporal do qual só possamos fazer uso sem nos apercebermos dele. Ora, o par audição/fonação está neste caso. Aqui, a atividade motora não capta a si mesma sem se perder em
74 seu produto. "Aqui, é a harpa | animada que pinça a si mesma"[182] (na verdade isso só se aplica aos sons articulados, não aos gritos). O som articulado se ouve e reflete a si mesmo; a criança imita a si mesma. Sons proferidos e sons repetidos se encadeiam: "a atividade que produz imediatamente a uns, se reflete nos outros".[183] Assim, Biran tenta descrever o corpo como o lugar de uma espécie de reflexão que atravessa a espessura do corpo; não é a reflexão propriamente dita; desta, porém, ele forma a isca e o símbolo. Ele lembra a etimologia de "*entendre*",[184] e, a propósito da audição, escreve: "pode-se dizer que se trata do sentido do entendimento por excelência, já que só por meio dele é que o ser que pensa, enquanto age e move, entende, com toda a propriedade do termo, todas as ideias que ele concebe, todos os atos que ele determina".[185] Ele parece buscar um estatuto novo para nossa experiência. Gostaria de fazer do aparelho auditivo/motor algo distinto de um simples caso particular de uma potência geral de pensar. Gostaria de mostrar o pensamento captando-se

[182] *Essai sur les fondements:* Tisserand, t. IX, p. 480 [F. Azouvi, t. VII-2, p. 370].

[183] *Ibid.*, Tisserand, t. IX, p. 482-483 [F. Azouvi, t. VII-2, p. 371-372].

[184] Empregado no campo da audição, como assinala Merleau-Ponty, o verbo "entendre" pode ser traduzido simplesmente por "ouvir".

[185] *Ibid.*, Tisserand, t. IX, p. 484 [F. Azouvi, t. VII-2, p. 373].

nesse aparelho, e, através dele, realizando formações em que a nossa destinação espiritual se concretiza.

Tal é igualmente o capítulo II dessa mesma seção: "Instituição dos signos". Graças aos signos, tenho acesso a uma consciência acrescida: minha iniciativa motora não desaparece mais em seu resultado; posso apelar para outrem, me referir à exterioridade. Aqui aparece: "o signo intelectual é, que é o Verbo, o *lógos* por excelência".[186] Tais atitudes, porém, tornam-se possíveis pelo pensamento, ou é o inverso? Há um círculo entre a palavra e a abstração, procedem uma da outra, e ambas, do fato primitivo. O primeiro emprego dos signos supõe o fato primitivo. Aliás, há em nós uma espécie de ignorância natural do problema dos signos, que provém precisamente de que os signos são eficazes, já dotados de evidência.

Biran não faz do pensamento um resultado dos signos importados no espírito. Ele se atém a essa forma
de ingenuidade, que tem | o universo da linguagem por 75
adquirido e não quer sair dele. Ele revela, na origem dos signos, uma iniciativa espiritual do eu, um germe ainda não elaborado do que será a reflexão. "Sem a apercepção interna dos atos ou do esforço querido, não haveria signos instituídos; e, sem os signos instituídos, não haveria reflexão propriamente dita, ideias ou noções distintas de nossos atos ou de seus resultados [...], enfim, não haveria ideias de sujeito (eu) separado de seus atributos e, por conseguinte, não haveria ideias abstratas, universais".[187] Distinguem-se, portanto, três momentos: a apercepção interna, os signos, a reflexão explícita comportando o

[186] *Op. cit.*, segunda parte, seção IV, § II: Tisserand, t. IX, p. 490 [F. Azouvi, t. VII-2, p. 377].

[187] *Ibid.*, Tisserand, t. IX, p. 492-493 [F. Azouvi, t. VII-2, p. 379].

uso das noções. Estes três níveis estão em continuidade e se fundem uns nos outros. Há, por exemplo, o signo do eu, ou do "eu existo": "Por tantas vezes que esse signo for voluntariamente repetido, por tantas vezes o mesmo eu se tornará presente a si mesmo por um ato de reflexão íntima".[188]

O aparelho fonador é utilizado pela percepção interna, e, ao mesmo tempo, auxilia essa percepção a passar a um nível reflexivo. Ele lhe presta o serviço de traduzir em proposições articuladas o que ela sentia confusamente. Há, desde o início, consciência de si, mas uma consciência que é também ignorante de si e que precisa dos signos para se conquistar. A consciência de si é, portanto, concebida como devir, um processo.

Assim, Maine de Biran oscila incessantemente entre duas filosofias, uma empirista, explicativa, e a outra reflexiva, e nenhuma delas não lhe convém: em seus melhores momentos, encontra-se o esboço de uma terceira filosofia, concreta e reflexiva de uma só vez. Essa insatisfação explica a evolução ulterior de sua filosofia, a partir do *Essai*. Ele entreviu, mas faltou uma síntese da explicação e da reflexão. Acreditou poder dominar a dualidade dos termos ao passar para o plano da crença. As *Notes* sobre Descartes e Malebranche são anteriores a 1814. As *Notes sur Kant* são posteriores a essa data. É por volta de 1813-1814 que compreendeu a necessidade de admitir uma faculdade do universal e do absoluto. Não tendo podido mostrar como o sujeito pode ser de uma só
76 vez ligado às | estruturas contingentes e sujeito do Ser, ligado ao Ser universal, foi obrigado a concentrar, para

[188] *Ibid.*, Tisserand, t. IX, p. 493 [F. Azouvi, t. VII-2, p. 379].

além do sentido íntimo, as condições da universalidade. Ele passa, agora, a um eu numênico, em ruptura com sua filosofia anterior. Ele se eleva do "para nós" ao "em si". Procedimento tão reprovado por ele mesmo em Descartes; como se até então a sua filosofia não consistisse em negar a alma em si! "O eu não se objetiva em uma imagem; tampouco se concebe sob uma abstração ontológica. Toda a sua existência real está na apercepção do esforço do qual ele se sente sujeito ou causa. Mas, quando queremos remontar à origem desse esforço sentido, precisamos nos posicionar necessariamente em um ponto de vista exterior ao eu, e, então, realmente, não abrangemos senão a imagem ou uma noção de força abstrata do sentimento de si mesmo".[189]

Na realidade, seria abusivo denunciar uma pura e simples contradição. Se se quiser considerar a alma de fora, como distingui-la de uma imagem corporal? – Aliás, esta última concepção do eu não está desprovida de raízes. Biran a desenvolve no *Rapport des sciences naturelles avec la psychologie*,[190] e terminaremos examinando-a brevemente.

Em primeiro lugar, a crença no eu numênico não é anterior ao fato primitivo; tampouco ela é independente dele. Nossa noção da alma em si não teria nenhum sentido se não começássemos com a alma para nós. Biran indica uma relação; ele não se desmente.

Em segundo lugar, a crença no eu numênico é a afirmação de uma coisa sem essência. A partir de então, se o fato primitivo não existisse, nossa afirmação seria vazia. Para dar um sentido a essa posição absoluta, é preciso

[189] *Mémoires sur la décomposition de la pensée*, segunda parte, seção I, cap. II, § 3: Tisserand, t. III, p. 216 [F. Azouvi, t. III, p. 425].

[190] Tisserand, t. X, p. 43-258 [F. Azouvi, t. X-2, p. 99].

começar pela experiência de nós mesmos. A diferença entre a experiência do eu e a crença na alma é a seguinte: quando experimentamos o eu em nós, apercebemos o que fazemos; quando acreditamos no ser pensante,
77 apercebemos o que | não fazemos. Não se trata de uma dedução, de uma passagem lógica. "Crer não é saber. O que nosso espírito crê universal e necessariamente, ele não o fez. Ora, ele só sabe o que faz ou pode fazer; e o que ele fez, como suas ideias gerais, suas classificações, sua língua, suas combinações arbitrárias, não crê nelas e não pode crer nelas como em coisas existentes".[191] Assim, portanto, sabe-se o que se fez; em algo existente que não se fez, acredita-se. Para agir, é preciso ser: "Seguindo o procedimento da crença, se estabelece como axioma que, antes de agir, antes de ser modificado de uma determinada maneira qualquer, de se determinar sob tal atributo, qualidade ou propriedade, é preciso *ser* absolutamente ou a título de substância, de *coisa em si*, de *númeno*".[192] Nossa crença se referirá, portanto, a um existente que condiciona a nossa atividade finita. Essa crença no eu numênico representa definitivamente o excesso de nossa existência em relação ao que dela sabemos, o fato de que somos dados a nós mesmos, de que não fomos criados *ex nihilo*. O eu numênico é certo, precisamente porque é incognoscível.

Biran identifica, portanto, a objetividade absoluta à subjetividade absoluta. É sobre esta subjetividade que se fundamenta a objetividade do saber. O sujeito

---

[191] *Nouveaux essais d'anthropologie*: Tisserand, t. XIV, p. 293-294 [F. Azouvi, t. X-2, p. 99].

[192] *Rapports de la science naturelle avec la psychologie*: Tisserand, t. X, p. 126; Gouhier, p. 188-189 [F. Azouvi, t. VIII, p. 82].

numênico não é nem demonstrado, nem provado: ele está sempre atrás de mim, como algo que me engloba, e isto porque podemos crer nesse sujeito absoluto, que confere ao fato primitivo um valor universal. "Como esta abstração reflexiva, individual, que constitui, com o eu, a relação e a inerência dos modos variáveis a um sujeito permanente [...], passa do caráter individual e relativo, preciso e determinado do fato de consciência, ao universal e ao absoluto?".[193] Na *Réponse à Stapfer*, lemos que o eu – fundado na alma numênica –, sendo a própria experiência da causalidade, esta última recebe valor de ligação entre todos | os objetos possíveis. "O 78
eu apercebe imediatamente seu poder causal como sua existência; e, a partir da primeira experiência interior, que lhe revela esse poder ao revelá-lo a si mesmo, ele tem, com o sentimento atual da energia permanente da causa eu, o pressentimento do efeito ou da moção que se operará necessária e infalivelmente desde que o poder expresso tenha lugar".[194] Essa certeza é, em seguida, transferida para fora: "Cada efeito da locomoção do corpo próprio, sendo para o eu inseparável do sentimento ou da apercepção externa da causa que é o próprio eu, nenhum movimento exterior, nenhuma modificação passiva poderá começar, sem ser imediatamente atribuída a uma causa concebida a exemplo do eu".[195] Ainda mais, a relação de Deus com o mundo é aproximadamente a mesma da alma numênica com o eu: "Sabemos e cremos

[193] *Examen des leçons de philosophie de M. Laromiguière*: Tisserand, t. XI, p. 328 [F. Azouvi, t. XI-3, p. 244].

[194] *Op. cit.*: Tisserand, t. XI, p. 427 [F. Azouvi, t. XI-3, p. 244]; Gouhier, p. 248.

[195] *Ibid.*

atualmente que nossa alma existe a título de substância ou de causa absoluta, da mesma maneira que sabemos que Deus existe como substância e como causa infinita".[196]

Para concluir, o mérito de Biran se deve, antes, a algumas descrições do que é uma possessão intelectual dos próprios princípios de sua filosofia. Tentou ultrapassar o psicologismo, mostrar que a experiência de um sujeito não é a simples aplicação de um *lógos*; mas não conseguiu salvar o particular, mostrar sua passagem e sua transição ao universal. Assim, o fim de sua filosofia vê colocar-se novamente, e em termos igualmente difíceis, o problema da alma e do corpo; ele restabelece a alma absoluta em face do corpo absoluto: reencontra-se no ponto de partida.

[196] *Réponse à Guizot*: Tisserand, t. X, p. 262-263 [F. Azouvi, t. VIII, p. 252].

Matéria e memória: o novo e o positivo nas análises do primeiro capítulo

Qual é o ponto de partida de *Matéria e memória*? Bergson nos diz no "Prólogo" da sétima edição: "Há [...] tons diferentes de vida mental, e nossa vida psicológica pode se manifestar em alturas diferentes, ora mais perto, ora mais distante da ação, conforme o grau de nossa *atenção à vida*. Esta é uma das ideias diretrizes da presente obra, a própria ideia que serviu de ponto de partida ao nosso trabalho".[197] A distinção dos dois planos da ação e do sonho, a noção de atenção à vida, portanto, estão na origem das reflexões de Bergson, que não atravessou por sua própria conta a filosofia kantiana.

O primeiro capítulo desenvolve uma concepção biológica do corpo e do sistema nervoso, que é, ao mesmo tempo, uma concepção filosófica do sujeito agente, posto por seu corpo em presença do mundo. Bergson visa restaurar o corpo em seu debate com o mundo, e não tal como nos é oferecido pela análise isolante da ciência, dissociado entre o polo sensitivo e o polo motor. O corpo

[197] *Œuvres*, ed. du Centenaire, p. 166; trad. br. p. 7.

deve ser captado por uma visão global, em sua ligação com o entorno e com sua função positiva de "centro de ação real".[198]

Os corpos materiais não vivos não agem verda-
80 deiramente: | estão atravessados pelas forças externas. Inteiramente outro é o corpo vivo, que se afirma como distinto, retém a excitação e só lhe responde após certo prazo e de modo imprevisível. Ele exprime menos as propriedades das coisas do que o modo de tratá-las; dito de outro modo, o que as coisas e o mundo são para ele. O organismo vivo, por isso mesmo, é um centro de ação real, é um centro de perspectiva. "Os objetos que circundam meu corpo refletem a ação possível de meu corpo sobre eles".[199] Um "horizonte" se desenha ao redor do corpo vivo.[200]

A percepção não é, portanto, uma simples inspeção das coisas: é uma antecipação exercida pelo corpo. Se fizermos abstração das contribuições da memória (únicas que tornam possível a alucinação), resta uma "percepção pura" que instala o corpo nas coisas. Ela não se passa em nós, mas bem ali onde parece estar, no meio do mundo, fora. A ciência não é, portanto, competente para estabelecer a teoria objetiva da percepção, pois ela repousa sobre essa própria percepção. A ciência nos remete ao mundo percebido, previamente dado. A ideia de um saber científico, fechado em si mesmo, é mítico: "Reduza-se a matéria a átomos em movimento: estes átomos, mesmo desprovidos de qualidades físicas, só se determinam em relação a uma visão e a um contato possíveis, aquela sem

---

[198] *Œuvres*, p. 182; trad. br., p. 28.

[199] *Œuvres*, p. 172; trad. br., p. 15-16.

[200] *Ibid.*

iluminação e este sem materialidade. Que se condense o átomo em centros de força, que seja dissolvido em turbilhões evoluindo em um fluído contínuo: esse fluído, esse movimento, esses centros só se determinam, eles próprios, em relação a um tato impotente, a um impulso ineficaz, a uma luz descolorida: trata-se ainda de imagens".[201]

Ao reabilitar assim as qualidades segundas, Bergson retoma Berkeley de modo muito consciente. Lemos no "Prólogo" de *Matéria e memória*: "Um grande progresso foi realizado em filosofia no dia em que Berkeley estabeleceu, contra os *mechanical philosophers*, que as qualidades secundárias da matéria tinham pelo menos tanta realidade quanto as qualidades primárias".[202] | Ao pôr o 81
mundo material, dá-se portanto, de saída, um conjunto de imagens às quais não é mais possível renunciar. Bergson repudia o realismo dos cientistas, que procura engendrar a consciência, deduzi-la. Não temos de "deduzir a consciência",[203] pois, "ao dar-se o mundo material, deu-se um conjunto de imagens".[204] Não há "em si" que já não seja um "para mim". Na via tomada por Bergson, todo *esse* já é um *percipi*. Bergson, porém, não segue essa via até o fim: ao realismo dos cientistas, vai substituir outro realismo, fundado na preexistência do ser total. O *percipi* se deduz do *esse*, por degradação e recorte. "A representação de uma imagem [é] *menos* que sua mera presença".[205] Bergson não vê, não põe o problema do *cogito*: ele põe o ser total e nele recorta a minha perspectiva.

---

[201] *Œuvres*, p. 185; trad. br., p. 32.

[202] *Œuvres*, p. 162; trad. br., p. 3.

[203] *Œuvres*, p. 185; trad. br., p. 32.

[204] *Ibid.*; trad. br., p. 32.

[205] *Ibid.*; trad. br., p. 33.

Uma imagem pode ser, sem ser percebida. Bergson deduz o percebido do ser, no lugar de admitir, como foi tentado a fazê-lo, um primado da percepção, um tipo de existência intermediária entre o "em si" e o "para si". Ele não busca verdadeiramente, na situação do sujeito no ser, o ponto de partida do conhecimento do ser pelo sujeito, mas se coloca diretamente no ser, para introduzir, em seguida, o recorte perceptivo. Nem Bergson nem os psicólogos que ele critica distinguem a consciência e o objeto de consciência.

No idealismo kantiano, consciência e extensão são correlatas. Bergson critica o idealismo subjetivo, mas não o idealismo transcendental.

Há, portanto, cegueira de Bergson quanto ao ser próprio da consciência, à sua estrutura intencional. Mesma dificuldade para explicar o que é o eu que percebe: Bergson o representa como um misto de percepção e de lembrança, a condensação de uma multiplicidade de movimentos, uma "contração" da matéria. Daí, nesse primeiro capítulo, um mecanismo constante de *passagem ao limite* – com reconhecimento da experiência cotidiana como um "misto".

Seria preciso mostrar que o corpo é impensável sem
82 | a consciência, pois há uma intencionalidade do corpo, e que a consciência é impensável sem o corpo, pois o presente é corporal.

Bergson entreviu uma filosofia do mundo percebido, não realista em sua intenção primeira, mas deteriorada pela passagem ao realismo que considera o *percipi* como um *esse* menor, a consciência sendo recortada no interior de um mundo de imagens em si.

"A verdade é que o ponto P, os raios que ele emite, a retina e os elementos nervosos interessados formam um todo solidário, que o ponto luminoso P faz parte desse todo, e que é precisamente em p, e não em outro lugar, que a imagem de P é formada e percebida".[206] Neste passo, em contrapartida, há algo novo: não o fato de ligar consciência e objeto – Kant já os havia ligado –, mas a maneira pela qual são ligados. Em Kant, sua relação era de uma potência ponente a um objeto posto: o ser dos objetos foi inicialmente idealizado. A frase citada é óbvia para Kant, porque o ponto P não é para ele um objeto ideal. Kant considerou o fenômeno do objeto como uma ordem ideal. O que há de novo em Bergson, uma vez mais, não se situa nesse plano. Bergson ignora a filosofia reflexiva; graças a essa ingenuidade, está em condições de descobrir o que permanece inacessível à análise reflexiva: a coisa e a consciência da coisa estão ligadas, não como correlatas, mas enquanto absolutamente simultâneas, sem nenhuma prioridade. Ora, apesar de tudo, Kant concederia prioridade à consciência do liame.

Para Bergson, a percepção não é constituinte: é impossível, em sua perspectiva, nos colocar no dinamismo de um sujeito constituinte. A percepção é insensível ao esforço da análise reflexiva (a despeito de Espinosa, continuamos a perceber o sol a duzentos passos). O liame entre a consciência e o que ela percebe não é o liame daquilo que faz com aquilo que é feito: a percepção precedeu o liame. A consciência de algo não é uma intencionalidade comparável ao juízo: ela não aparece a si mesma como dando conta de si mesma. Se se fosse até o fim da tese | 83
bergsoniana, o corpo seria privilegiado, sendo o que me refere às coisas preexistentes. Não sou um sujeito ágil e sem inércia, um sujeito que dispõe livremente de uma perspectiva; percebo daqui e não de outro lugar. Segue-se

[206] *Ibid.*, p. 192; trad. br., p. 41.

que a visada perceptiva não é visada de imanência. Há transcendência no sentido ativo da palavra: uma presença à distância. A consciência apareceria então como situada, a sua finitude seria o meio de pôr o ser.

Mas tal ultrapassagem simultânea do realismo e do idealismo, uma vez entrevista, aborta. Tendo escolhido tomar o mundo como um espetáculo, Bergson naufragou no realismo e realizou o sujeito *por subtração.* O sujeito morre disso; o *percipi* não é, doravante, senão um ser menor. O sujeito não terá mais de ser pensado: será uma distância imperceptível.

Em seguida, de fato, Bergson bem tenta introduzir o sujeito: nossa percepção, ele o reconhece, nunca é "pura". Mas vai introduzir o sujeito em termos realistas, como não ser; e, a partir do momento em que concebe o Nada a partir do ser, vai conceber o sujeito a partir do mundo.

Sua descrição da memória pura será, portanto, a de um "segundo mundo" (como é atestado por sua concepção estática do inconsciente). Radicalmente diferente da objetividade, o sujeito lhe será, ao mesmo tempo, radicalmente homogêneo: simples diferença de substância e não de modalidade existencial. O encontro dos dois mundos se faz na percepção concreta e, quando Bergson quiser efetuar tal articulação, haverá concorrência de realidade entre a lembrança e a percepção. No segundo e terceiro capítulos de *Matéria e memória*, assiste-se, portanto, a uma oscilação entre duas teses: ora a percepção está inteiramente na memória, o percebido sendo apenas uma última lembrança; ora será o inverso, a memória não é nada fora do presente, a lembrança pura sendo apenas um fantasma ávido de "beber o sangue dos viventes". O passado como tal nos escapa. Outra forma dessa concorrência:

ora parece que a iniciativa venha das lembranças, o corpo intervindo apenas para impedir a sua atualização: a lembrança seria, então, por si mesma capaz de tornar-se novamente presente e a dimensão do | passado perderia 84
a sua idealidade; ora, inversamente, não há consciência própria do passado e somente as necessidades da ação em curso explicam o apelo à lembrança. Estas duas descrições se anulam reciprocamente.

A teoria do corpo, na junção da percepção e da memória, vai revelar o conflito de que falamos: ora o corpo é o lugar de passagem de movimentos em si, à maneira de um elemento do mundo físico; ora isso é apenas uma representação, homogênea às imagens da memória. Bergson joga com os dois sentidos – idealista e realista – da palavra "imagem".

A consciência e a liberdade não terão, portanto, nenhum lugar nos capítulos II e III. Onde encontrar o *Eu*? Não estará nem no cimo do cone (que corresponde a um "em si", o do mundo físico) nem na base (as lembranças puras): a vida mental toma o aspecto de um vai e vem entre dois planos de um "em si". Bergson perde a articulação dos dois planos que ele descreveu. Tenta, em vão, operar a síntese deles pela reunião de dois elementos objetivos: o percepto puro e a lembrança pura.

Dito isso, encontram-se, nessas páginas, intuições válidas: nelas, precisamos perceber a verdade "em enigma e em espelho". Tendo convertido em proposições objetivas uma reflexão sobre o sujeito, Bergson por vezes apercebe algo de verdadeiro. Cabe a nós extrair tais intuições do quadro filosófico no qual estão inseridas.

A primeira é a análise da extensão. Bergson descreve, ao mesmo tempo em que objetiva, o plano de nossa relação com o espaço. Graças a ela, o mundo é arrancado, no quarto capítulo, à sua condição de "em si". A percepção, mesmo externa, aparece como uma duração (diferentemente do que se lia no primeiro capítulo): Bergson se esforça para fazer uma teoria do mundo.

A segunda é a teoria da percepção pura: o ser é sempre ser percebido, o que permite responder às objeções do realismo.

A terceira é a teoria da memória pura na parte que
85 ela reconhece uma realidade mista. Na teoria da | per-
cepção pura, o ser era apenas ser percebido; na memória pura, o passado é concebido pelo presente. Visão dialética, pois é o mesmo movimento que abre o futuro e fecha o passado. Ultrapassamos a simples mistura do sujeito e do objeto para constituir uma verdadeira dialética do tempo.

No capítulo II, Bergson tira as consequências do que precede, e se esforça para ver se a experiência se verifica. O corpo é apenas um simples condutor, o que assegura a originalidade da memória em relação aos aparelhos cerebrais. Esforço ao mesmo tempo exitoso (visto que permite dar conta de aspectos desconcertantes da afasia) e inútil (pois um minuto de filosofia reflexiva obteria tanto quanto: a memória é uma consciência do passado e nenhum traço presente poderia bastar para dar conta disso). O esforço de Bergson não parece valer a pena, pois os postulados realistas que permanecem seus o conduzem a conceber a memória como um segundo ser.

Esse segundo capítulo contém, no entanto, perspectivas interessantes. Mesmo se fosse mostrado reflexivamente que a irrealidade do passado impede este último de ter como suporte um existente presente, restaria um problema: por que não temos desse passado uma consciência total? Mesmo se for admitido que a consciência é naturalmente centrífuga, resta explicar o reconhecimento e o esquecimento. Para Bergson, o corpo é o presente: é, portanto, um momento da dialética do tempo, e toda consciência do passado tem uma relação com o corpo. Na perspectiva kantiana, a memória não coloca nenhum problema, visto que o passado é constituído por nós. Mas, se a consciência é intemporal, o passado perde a sua qualidade de passado: só há passado em relação a um presente sobre o fundo do qual ele se destaca. É preciso, portanto, resolver o problema do passado, mostrando como a consciência do presente encerra a referência a um passado. Ora, é o que faz Bergson em certos momentos, quando tenta dotar o corpo de uma função na constituição do tempo: haveria, portanto, uma "memória do corpo",[207] uma compreensão do tempo pelo corpo.

[207] *Œuvres*, p. 293; trad. br., p. 178.

| Décima segunda aula 86

O segundo capítulo de *Matéria e memória*

Nesse capítulo, Bergson busca pôr à prova as ideias diretrizes do capítulo precedente, à luz da psicologia cerebral.

No que concerne às relações da memória e do cérebro, ele conclui que o corpo não pode ser produtor das representações do passado, sendo, ele próprio, apenas uma imagem: o corpo é apenas um simples condutor. Mas, se Bergson se ativesse a esse fato, chegaria a isto: o corpo, ineficaz, não poderia condicionar a nossa capacidade de ter acesso ao passado; se ele fosse uma imagem entre outras, como teria ele o poder de modificar todas elas? Assim sendo, é preciso que a palavra "imagem" mude de sentido. O corpo, elemento até então, torna-se um centro.

Seria necessário precisar tal "função central" do corpo, mostrar que o mundo é para o corpo. Mas Bergson faz da subjetividade uma simples função da representação: conserva tanto a dicotomia do movimento "em terceira pessoa" quanto a do sujeito. Por isso, quando quer religar o corpo ao espírito, fazer do corpo uma transição rumo à consciência, ele deve organizar uma série de equívocos e de artifícios.

A função motriz do cérebro está prenhe de consciência. "O passado sobrevive [...]". Ora, há ambiguidade:

ele não subsiste no mesmo sentido no mecanismo motor
87 (sobrevive para | mim, observador) e na consciência (onde ele sobrevive para si). O emprego da palavra "sobrevive" é, portanto, um artifício verbal: seria igualmente possível dizer que o passado sobrevive nas coisas. Isso não basta para dar ao corpo uma memória. Aliás, somente para uma memória "pura", independente do corpo, é que pode haver reconhecimento verdadeiramente. Pois o reconhecimento motor é apenas o passado simulado, não representado. Para Bergson, portanto, não há verdadeira memória do corpo: a memória do corpo solicita a mediação da memória pura. Daí o recurso a um segundo artifício: o corpo oferecerá à "memória pura" o meio de se realizar. Ora Bergson dá tudo ao espírito, ora tudo ao corpo. No entanto, seria preciso mostrar que o corpo é exigido pela dialética do tempo sob o título de momento, e, inversamente, que a consciência implica um corpo. Mas Bergson quer mostrar que há, na memória, um "algo" que escapa ao corpo. Seu método consiste em determinar um resíduo não explicável pela via fisiológica, para melhor preservar o ser da substância espiritual. Assim, nem a memória pura nem o corpo são verdadeiramente para si. O corpo não chega a ser um sujeito – embora Bergson tenda a lhe conferir esse status –, pois, se o corpo fosse sujeito, o sujeito seria corpo, e este é um preço que Bergson não quer pagar de modo algum.

Tomemos o exemplo da teoria das duas memórias. A memória-hábito é ora consciente, ora não: é apenas a simples baliza de um passado que o corpo retoma. Por que ainda chamá-la de "memória"? Bergson teria esse direito somente se toda memória fosse indissoluvelmente habitual e consciente, a própria lembrança pura contendo um elemento de generalidade. De fato, a significação de um episódio revolto a arranca de sua ecceidade temporal.

Situar o passado em sua data não é atingi-lo em seu lugar cronológico por uma intencionalidade direta, mas reunir-se a ele através da espessura do presente. Nossa relação com o passado é, portanto, uma relação de ser, que ultrapassa o puro conhecimento. Inversamente, nossas relações com o presente ultrapassam a simples inserção prática e já são relações de conhecimento.

| Bergson opõe o sonho à ação em uma dicotomia 88
criticável. O sonho, tal como ele o entende, ainda gira em torno do mundo, e a ação só é concebida como uma resposta a *stimuli* físicos muito próximos. Em consequência de um preconceito herdado de Spencer, o homem é concebido como um poder animal de ação, ao qual viria sobrepor-se, pateticamente, uma "faculdade das lonjuras". Tudo o que não for ação animal passa, então, para o lado do sonho. Ora, tal descrição é falsa: tudo é ação no homem, mas tudo no homem é organização supra-animal.

"No que concerne às coisas aprendidas [...], as duas memórias [...] prestam-se um mútuo apoio".[208] O que isso quer dizer? Não se vê o que podem tais memórias uma para a outra. Decerto, o reconhecimento vivido não é nem pura recognição nem puro hábito motor: há auxílio recíproco, como o mostra *a contrario* o incômodo sentido pelo sujeito a quem se manda falar enquanto enxerga uma série de letras que lhe é solicitado reter.[209] Ora, esse mal-estar desmente a dicotomia bergsoniana. Ou o corpo é supérfluo, ou é a pura lembrança. Se o corpo não é sujeito, todos os movimentos do mundo não farão que ele tenha consciência do passado.

Na página 244, a propósito do "reconhecimento atento", escapamos da alternativa da ação e do sonho. Nesse

[208] *Œuvres*, p. 231; trad. br., p. 94.

[209] *Œuvres*, p. 232; trad. br., p. 95.

tipo de reconhecimento, "os movimentos renunciam a seu fim prático, e [...] a atividade motora, em vez de continuar a percepção através de reações úteis, volta atrás para desenhar os seus traços principais". Não é mais o homem, diante da natureza, compelido a reagir sob pena de morte, mas o homem que utiliza o seu corpo para explorar uma situação.

Do exame dos fatos da afasia, Bergson tenta concluir que a lembrança não foi destruída pela lesão. Mas a verdadeira questão está em outro lugar: o que pode se tornar essa memória, uma vez que está privada do corpo em que ela se desempenha?

Outro exemplo de ambiguidade: Bergson quer que as lembranças puras se precipitem no quadro oferecido pela
89 percepção. | Página 248: "Toda imagem-lembrança capaz de interpretar nossa percepção atual insinua-se nela, a ponto de não sabermos mais distinguir o que é percepção e o que é lembrança".[210] Em um texto impresso, o que lemos é a lembrança tanto quanto o presente. Página 249: "A leitura corrente é um verdadeiro trabalho de adivinhação, nosso espírito colhendo aqui e ali alguns traços característicos e preenchendo todo o intervalo com lembranças-imagens que, projetadas sobre o papel, se substituem aos caracteres realmente impressos e nos dão sua ilusão".[211] Ora, Bergson está errado ao distinguir assim "projeção de lembranças" e "percepção": essa distinção é ilegítima, pois ela é extraída da consideração das impressões da retina. Bergson não deveria julgar percepção pela impressão da retina, que é apenas uma parte do campo cerebral: seu procedimento repousa na "hipótese de constância", da qual a teoria da forma mostrou, desde então, que estava mal fundamentada.

---

[210] Trad. br., p. 117.

[211] Trad. br., p. 117.

Ele justifica o espiritualismo partindo, como antítese, de certo realismo que introduz o espírito como algo supérfluo. Em seu estudo da afasia e da surdez verbal, mostra que o cérebro não contém as lembranças, mas não mostra que a lembrança tem um sentido sem corpo. O que prova, de fato, não é o que ele havia anunciado. O processo sensório-motor demonstra que há uma inteligência do corpo. Seja o exemplo da audição de uma língua estrangeira, desconhecida, comparada à de uma língua que eu compreendo[212]: recortamos nossas impressões por meio de nossos próprios movimentos, do "esquema motor da palavra escutada".[213] Ora, Bergson esquece que sua crítica da "projeção" das lembranças vale igualmente contra ele: a percepção não pode mais incorporar-se movimentos ("em terceira pessoa"), mais que lembranças. A "lógica do corpo" não pode ser um processo "em terceira pessoa": ela atesta que a motricidade humana não é uma motricidade em si.

Bergson trata no mesmo espírito o fenômeno centrífugo da projeção das lembranças. Ele entrevê que a perda de uma lembrança não é a de uma coisa, mas de uma capacidade de | falar, de uma atitude (e não de uma palavra 90
isolada). Isto é verdade, mas equivale a dizer que sem o corpo não há possessão de nossas lembranças verbais. O corpo, como suporte de uma dinâmica, estaria, portanto, ligado à memória. Antes de ser tomado nessa dinâmica, a lembrança não é nada.

Na página 274, Bergson escreve: "Entre a intenção, que seria aquilo que chamamos lembrança pura, e a imagem-lembrança auditiva propriamente dita, intercalam-se

---

[212] *Œuvres*, p. 254-255; trad. br., p. 124.

[213] *Œuvres*, p. 255; trad. br., p. 126.

lembranças intermediárias".[214] A lembrança pura é, portanto, apenas uma intenção, um caso-limite. Ora o corpo constitui obstáculo à sua realização, ora lhe dá, ao contrário, o meio de se realizar. Como pode tal intenção vazia existir em si?

Compreende-se que, no início do capítulo III, a incerteza se introduza nas fórmulas. "Distinguimos três termos, a lembrança pura, a lembrança-imagem e a percepção, dos quais nenhum se produz, aliás, de fato, isoladamente".[215] Esse "de fato" é uma infelicidade acidental ou, ao contrário, um estado normal?

Doravante, quando Bergson quiser falar da lembrança, esquecerá o que de melhor ele escreveu sobre o corpo, e, quando falar do corpo, ele perderá de vista a consciência do tempo. Suas diferentes descrições não vão bem, juntas. O corpo bem é, para ele, um meio de atualizar o passado, mas concebe o corpo antes como um existente presente do que como uma realidade temporal. Bergson não mostra como podemos escapar do presente para constituir a consciência do tempo. Nele, nenhuma passagem do presente ao passado: ou tem de se haver com um passado longínquo, fantasmático, ou com um presente sem horizonte temporal. Nisso, Bergson se distingue de Husserl, para quem o presente é uma consciência de passagem. Ora Bergson nos prende ao presente, e o passado não é mais do que virtualidade pura; ora ele nos desprende do presente, e isto para nos cortar inteiramente do mundo: nem um desses procedimentos pode satisfazer. Bergson se engana tanto ao nos prender ao presente como ao nos arrancar dele.

---

[214] *Œuvres*, p. 274; trad. br., p. 152.

[215] *Œuvres*, p. 276; trad. br., p. 155.

Comentário de texto: o inconsciente

O texto[216]

"O que chamo meu presente é minha atitude em face do futuro imediato, é minha ação iminente. Meu presente é portanto efetivamente sensório-motor. Do meu passado, apenas torna-se imagem, e portanto sensação ao menos nascente, o que é capaz de colaborar com essa ação, de inserir-se nessa atitude, em uma palavra, de tornar-se útil; mas, tão logo se transforma em imagem, o passado deixa o estado de lembrança-pura e se confunde com uma certa parte de meu presente. A lembrança atualizada em imagem difere assim profundamente dessa lembrança pura. A imagem é o estado presente, e só pode participar do passado através da lembrança da qual ela saiu. A lembrança, ao contrário, impotente enquanto permanece inútil, não se mistura com a sensação e não se vincula ao presente, sendo, portanto, inextensiva.

Essa impotência radical da lembrança pura nos ajudará a compreender precisamente de que modo ela se conserva em estado latente. Sem entrar ainda no âmago

[216] *Matière et mémoire*, cap. III; *Œuvres*, p. 282-284; trad. br., p. 164-168.

da questão, limitemo-nos a assinalar que nossa repug-
nância em conceber *estados psicológicos inconscientes* se deve
sobretudo a tomarmos a consciência como a propriedade
essencial dos estados psicológicos, de sorte que um estado
psicológico não poderia deixar de ser consciente, ao que
parece, sem deixar de existir. Mas, se a consciência não
92 é senão a marca característica do *presente*, ou seja, | do
atualmente vivido, ou seja, enfim, do *que age*, então o
que não age poderá deixar de pertencer à consciência
sem deixar necessariamente de existir de alguma maneira.
Em outras palavras, no domínio psicológico, consciência
não seria sinônimo de existência, mas apenas de ação real
ou de eficácia imediata, e achando-se assim limitada à
extensão desse termo, haveria menos dificuldade em se
representar um estado psicológico inconsciente, isto é,
em suma, impotente. Seja qual for a ideia que se faça da
consciência em si, tal como apareceria se fosse exercida
sem entraves, não se poderia contestar que, num ser
que realiza funções corporais, a consciência tem sobre-
tudo o papel de presidir a ação e iluminar uma escolha.
Ela projeta, portanto, sua luz sobre os acontecimentos
imediatos da decisão e sobre todas aquelas lembranças
passadas capazes de se organizar utilmente com eles; o
resto permanece na sombra. Mas reencontramos aqui, sob
uma forma nova, a ilusão sempre renascente que perse-
guimos desde o início deste trabalho. Pretende-se que a
consciência, mesmo ligada a funções corporais, seja uma
faculdade acidentalmente prática, essencialmente volta-
da para a especulação. Então, como não se percebe que
interesse ela teria em deixar escapar os acontecimentos
que possui, estando voltada ao conhecimento puro, não
se compreende que ela possa negar-se a iluminar o que
não está inteiramente perdido para ela. Donde resultaria

que só lhe pertence de direito o que lhe pertence de fato, e que, no domínio da consciência, todo real é atual. Mas devolva-se à consciência seu verdadeiro papel: não haverá mais razão para afirmar que o passado, uma vez percebido, se apaga do que para supor que os objetos materiais deixem de existir quando deixo de percebê-los.

Insistamos neste último ponto, pois está aí o centro das dificuldades e a origem dos equívocos que cercam o problema do inconsciente. A ideia de uma *representação inconsciente* é clara, a despeito de um difundido preconceito; pode-se inclusive afirmar que fazemos dela um uso constante e que não há concepção mais familiar ao senso comum. Todo o mundo admite, com efeito, que as imagens atualmente presentes em nossa percepção não são o todo da matéria. Mas, por outro lado, o que pode ser objeto material não percebido, uma imagem não imaginada, a não ser uma espécie de estado mental inconsciente? Além das paredes do seu quarto, que você percebe neste momento, há os | quartos vizinhos, depois 93
o resto da casa, finalmente a rua e a cidade onde você mora. Pouco importa a teoria da matéria à qual se esteja ligado: realista ou idealista, você pensa evidentemente, quando fala da cidade, da rua, dos outros quartos da casa, em outras tantas percepções ausentes da sua consciência e, no entanto, dadas fora dela. Elas não são criadas à medida que sua consciência as acolhe; portanto já existiam de algum modo, e uma vez que por hipótese não eram apreendidas pela consciência, como poderiam existir em si, senão no estado inconsciente? Como se explica então que uma *existência fora da consciência* nos pareça clara quando se trata dos objetos, obscura quando falamos do sujeito? Nossas percepções, atuais e virtuais, estendem-se ao longo de duas linhas, uma horizontal AB, que contém todos os

objetos simultâneos no espaço, e outra vertical CI, sobre a qual se dispõem nossas lembranças sucessivas escalonadas no tempo. O ponto I, intersecção das duas linhas, é o único que é dado atualmente à nossa consciência.

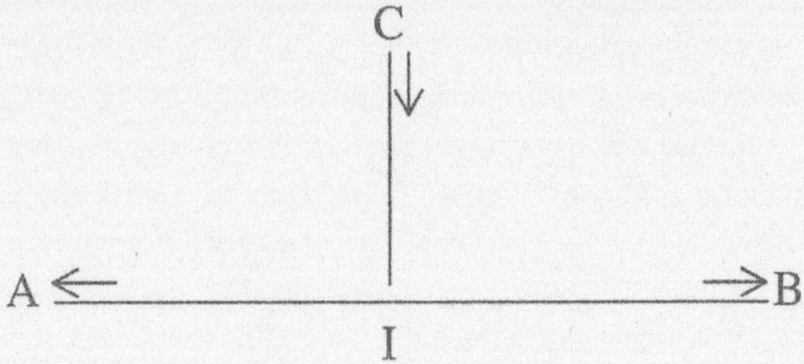

Como se explica que não hesitemos em afirmar a realidade da linha AB por inteiro, embora ela permaneça despercebida e que, ao contrário, da linha CI o presente I atualmente percebido seja o único ponto que nos pareça existir verdadeiramente? Existem, no fundo dessa distinção radical entre as duas séries temporal e espacial, tantas ideias confusas e mal esboçadas, tantas hipóteses desprovidas de qualquer valor especulativo, que não poderíamos analisá-las de uma só vez. Para desmascarar inteiramente a ilusão, seria preciso buscar na sua origem e seguir através de todos os seus meandros o duplo movimento pelo qual chegamos a propor realidades objetivas sem relação com a consciência e estados de consciência sem realidade objetiva, o espaço parecendo então conservar indefinidamente *coisas* que aí se
94 justapõem, enquanto | destruiria, pouco a pouco, *estados* que se sucedem nele. Uma parte deste trabalho foi feita em nosso primeiro capítulo, quando tratamos da objetividade em geral; a outra o será nas últimas páginas deste livro, quando falarmos da ideia de matéria. Limitemo-nos aqui a assinalar alguns pontos essenciais."

Comentário

Só atingiremos o passado ao nos colocarmos nele. Por outro lado, o passado é virtual: ao querer caracterizar a dimensão do passado, Bergson o povoa de fantasmas; somente sob essa condição é que haverá passado. A lembrança pura será, portanto, um fantasma, uma potência de sugestão, de encantação, um guia que reconstitui a imagem plena.

O presente ocupa um lugar: quem diz "centro de movimentos" diz ocupação de um ponto do espaço; é sob este título que o presente é único. "Nosso presente [...] é a própria materialidade de nossa existência, ou seja, um conjunto de sensações e de movimentos, nada mais. E esse conjunto é determinado, único para cada momento da duração, justamente porque sensações e movimentos ocupam lugares do espaço e não poderia haver, no mesmo lugar, várias coisas ao mesmo tempo".[217] Quando revejo o passado, eu me transporto, portanto, fora do espaço, visto que o presente é adesão a um lugar. A "idealidade" do saber consiste em não encerrar referência ao espaço. Flutuantes e inextensivas, as lembranças são essa brecha no ser que constatamos em nós, por trás da consciência presente.

A consciência sendo presença, o inconsciente estará ausente. Bergson não menciona as verdadeiras dificuldades suscitadas por essa tese (ele as reduz a uma concepção espetacular e especulativa da consciência[218]). Ora, na realidade, elas provêm de que não se pode dissociar a relação com um objeto e a captação dessa relação: não há visão sem consciência de ver. Essa dificuldade, Bergson não a

---

[217] *Œuvres*, p. 281; trad. br., p. 162-163.

[218] Cf. *ibid.*, p. 284; trad. br., p. 167.

95 considera. | Mas, uma vez admitido que toda referência a um objeto encerre uma consciência de si, a teoria de Bergson preserva um sentido? Reconheçamos que ela preserve um, pois essa descrição põe em evidência a transcendência do passado. É preciso que a consciência esteja de posse de seu objeto como do "para mim". Mas tal objeto não seria passado? A consciência seria coextensiva à totalidade do tempo. Donde a necessidade para a consciência de ser temporal para ser consciência do tempo, de ser outra coisa do que uma simples existência no tempo. Decerto, Bergson não descreve nada de semelhante a uma temporalização. O passado "virtual" não nos é mostrado de outro modo exceto como um antigo presente. Correlativamente, toda consciência do momento presente já encerra o indício temporal desse momento, quando ele tiver escoado (como o atesta a teoria da "lembrança do presente"). Aqui, assim como em toda parte, revela-se uma "falta de descrição": Bergson traduz a transcendência do passado como uma simples exterioridade; ao menos, ele tem o mérito de ter posto o problema dessa transcendência.

Assim também, ao se tratar de objetos não percebidos, Bergson não considerou sequer por um instante o ponto de vista kantiano, pelo qual tais objetos têm uma existência ideal a que sempre posso voltar, assim como um teorema é perpetuamente verdadeiro e que posso voltar a ele. Uma vez dito isso, porém, tal análise pecaria por subestimação de seu objeto: a modalidade existencial dos objetos não percebidos não é idealidade: esta última daria, ao objeto ausente, ou a existência possível ou a existência necessária; ora, o objeto ausente é real. Seja um deserto: quando afirmo sua existência, não digo somente que ele é acessível, eu lhe dou um modo de existência comparável

àquele que eu vejo. A síntese do visto e do não visto é uma síntese de transição: enquanto eu tiver uma inserção no espaço, eu me sentirei capaz de transportar para ele esse instrumento de exploração que é o meu corpo; o ausente me é, portanto, presente como horizonte de um mundo do qual a possessão total é, por princípio, impossível, visto que nesse caso o mundo se aniquilaria. Bergson pressentiu tudo isso, mas o seu erro é traduzir essa relação de horizonte dizendo que o objeto ausente é "uma espécie de estado mental inconsciente",[219] ao não ver que | a consciência é, precisamente, essa ultra- 96
passagem. Bergson não vê jamais *o valor positivo de nossa finitude*. Mas tem razão de assinalar que objeto ausente não é apenas, como os objetos culturais, um existente ideal. Tem razão em dizer que a simultaneidade constitui problema e é inseparável da subjetividade. Como uma consciência em situação pode ver aparecer a objetividade? O que coexiste com o meu campo me faz sair de minha perspectiva, mas enquanto eu estiver ligado a ele. Minha mesa me impede de ver a Torre Eiffel, mas, porque vejo a minha mesa, não vejo a Torre Eiffel. Meu corpo está ligado ao mundo por uma referência universal que me dá, desse mundo, uma visão minha e não minha: é o que Bergson traduz ao falar de inconsciente.

No final do texto Bergson mostra que ele descreveu apenas casos-limite. Mas não é ao reunir duas realidades que se pode reconstituir um fenômeno complexo. Notemos, no entanto, nas páginas seguintes, algumas indicações válidas. Página 286: "Portanto, é da essência de nossa percepção atual, como extensão, ser apenas um *conteúdo*, em relação a uma experiência mais vasta,

[219] *Ibid.*, p. 284; trad. br., p. 166.

e mesmo indefinida, que a contém: é essa experiência, ausente de nossa consciência, porque ela transborda o horizonte apercebido, mas nem por isso deixa de parecer atualmente dada". Não é, portanto, mais um estado mental inconsciente, mas um horizonte: aqui, ultrapassamos a simples relação de exterioridade.

Na mesma página: "O mesmo instinto, em virtude do qual abrimos indefinidamente o espaço diante de nós, faz que fechemos atrás de nós o tempo à medida que ele escoa". Trata-se de um movimento único: Bergson entrevê aqui uma dialética do tempo e não trata mais o passado como um "em si".

Nas páginas 286-287: "Na realidade, a aderência dessa lembrança ao nosso estado presente é inteiramente comparável àquela dos objetos desapercebidos aos objetos que percebemos, e *o inconsciente* desempenha nestes dois casos um papel de mesmo tipo". Por este termo "aderência", Bergson bem parece designar uma síntese de transição.

Comentário de texto: "A definição da existência"

O texto[220]

"Tocamos aqui o problema capital da *existência*, problema que podemos apenas roçar, sob pena de sermos conduzidos, de questão em questão, ao próprio coração da metafísica. Digamos simplesmente que, no que concerne às coisas da experiência – as únicas de que nos ocupamos aqui –, a existência parece implicar duas condições reunidas: (1) a apresentação à consciência; (2) a conexão lógica ou causal daquilo que é assim apresentado com o que precede e o que segue. A realidade, para nós, de um estado psicológico ou de um objeto material consiste nesse duplo fato de que nossa consciência os percebe e eles fazem parte de uma série, temporal ou espacial, em que os termos se determinam uns aos outros. Mas essas duas condições admitem graus, e concebe-se que, necessárias uma e outra, sejam desigualmente preenchidas. Assim, no caso dos estados internos atuais, a conexão é menos estreita e a determinação do presente pelo passado, deixando amplo lugar à contingência, não tem o caráter de uma derivação matemática; – em compensação,

[220] *Matière et mémoire*, cap. III; *Œuvres*, p. 288-289; trad. br., 171-173.

a apresentação à consciência é perfeita, um estado psicológico atual entregando-nos a totalidade de seu conteúdo no próprio ato pelo qual o percebemos. Ao contrário, quando se trata dos objetos exteriores, é a conexão que é perfeita,
98 já que esses objetos obedecem | a leis necessárias; mas com isso a outra condição, a apresentação à consciência, só será parcialmente preenchida, pois o objeto material, justamente em virtude da multiplicidade dos elementos não percebidos, que o prendem a todos os outros objetos, parecem-nos encerrar em si e ocultar atrás de si infinitamente mais do que aquilo que nos deixa ver. – Deveríamos, portanto, afirmar que a existência, no sentido empírico da palavra, implica sempre ao mesmo tempo, mas em graus diferentes, a apreensão consciente e a conexão regular. Mas nosso entendimento, que tem por função estabelecer distinções nítidas, não compreende as coisas desse modo. Em vez de admitir a presença, em todos os casos, dos dois elementos mesclados em proporções diversas, ele prefere dissociar esses dois elementos, e atribuir assim aos objetos exteriores, de um lado, e aos estados internos, de outro, dois modos de existência radicalmente diferentes, cada um dos quais caracterizados pela presença exclusiva da condição que seria preciso declarar simplesmente preponderante. Então, a existência dos estados psicológicos consistirá inteiramente em sua apreensão pela consciência, e a dos fenômenos exteriores, inteiramente também, na ordem rigorosa de sua concomitância e de sua sucessão. Donde a impossibilidade de deixar aos objetos existentes, mas não percebidos, a menor participação na consciência, e aos estados interiores não conscientes a menor participação na existência. Já mostramos, no começo deste livro, as consequências da primeira ilusão: ela acaba deturpando nossa representação da matéria. A segunda, complementar à primeira, vicia nossa concepção

do espírito, ao espalhar sobre a ideia do inconsciente, uma obscuridade artificial. Nossa vida psicológica passada, inteira, condiciona nosso estado presente, sem determiná-lo de uma maneira necessária; também inteira ela se revela em nosso caráter, embora nenhum dos estados passados se manifeste no caráter explicitamente. Reunidas, essas duas condições asseguram a cada um dos estados psicológicos passados uma existência real, embora inconsciente."

Comentário

No início do capítulo III, Bergson se volta para a lembrança pura, definida por sua latência. Ele deve mostrar que a consciência é | *povoada* como o mundo: o passado está atrás 99
de nós, como o mundo está em volta de nós. A existência tem, portanto, o mesmo sentido nos dois domínios.

Em um primeiro tempo (a partir de "Mas tocamos [...]" até "[...] determinam-se uns aos outros"), ele delimita inicialmente o debate (o problema será apenas "aflorado"; será excluído da discussão o que está para além da experiência, como Deus, ou o absoluto). Ele oferece, após a existência, uma análise empírica provisória: a existência requer a reunião de duas características: a apresentação à consciência e a ligação com os outros fatos. Essa análise suscita várias questões. (1) A respeito da primeira característica. O que é precisamente tal "apresentação"? Uma prova passiva, impondo-se pela força do choque recebido? Uma captação inteligente, impondo-se pela evidência do conteúdo? (2) A respeito da segunda característica. De que natureza é tal "conexão"? Estende ela o campo de nossas certezas? Ela própria é constitutiva do sentido da palavra "existir"? (3) Qual relação há entre essas duas características? Cada uma delas pode ser extraída, seja no sentido empirista, seja no sentido intelectualista. Para um empirista, o segundo é reconduzido ao primeiro, a conexão requerendo uma apresentação à consciência. Para um intelectualista, o primeiro é reconduzido ao segundo, a apresentação resultando de uma conexão, de um relacionamento efetuado pelo espírito. O que se dá a um retira-se do outro. Só podem ser simultaneamente constitutivos ao serem ligados, ao serem reconduzidos à unidade.

Ora, Bergson se recusa a reconduzi-los à unidade. Sua meta é ultrapassar a alternativa, e é isso que ele tenta fazer na segunda parte do texto (a partir de "Ambas as condições, porém, [...]", até "[...] a apreensão consciente e a conexão regular"). Esta segunda parte enuncia três ideias: (1) Os dois critérios são independentes (as condições são "necessárias uma para a outra"). (2) Vamos mais longe. Quando a experiência satisfaz a um, ela faz falta para o outro. Na psique, a conexão é frouxa, o que explica o indeterminismo
100 psicológico | de Bergson. O vínculo entre os meus estados internos é sempre retrospectivo: o meu caráter nunca é um objeto. (3) Inversamente – e pela mesma razão –, o meu presente psíquico sempre está dado perfeitamente; cada "estado psicológico atual" oferece à consciência a totalidade de seu conteúdo. Em cada presente, a apresentação é perfeita. Se não, não teríamos noção do presente. No mundo psíquico, a conexão é perfeita; mas, sob a pena de ir ao infinito, é preciso renunciar a uma apresentação total. Os critérios são, portanto, contraditórios: é pela mesma razão que a experiência interna nunca está bem ligada, que a experiência interna usufrui de uma apresentação total e que a experiência externa nunca usufrui desta última. Solidários (a existência implica a ambas, simultaneamente), tais critérios são antagônicos. Por que isto é assim?

A terceira parte do texto ("Mas o nosso entendimento [...] embora inconsciente") fornece a solução: é o entendimento que cristaliza em dois tipos distintos o que está misturado na realidade. Se nós reencontrarmos, aquém do entendimento analítico, o contato do eu e o contato do mundo, descobriremos, por um lado, que a matéria é uma perspectiva, um conjunto de imagens (cf. o primeiro capítulo); por outro lado, que o psíquico tem uma espessura: a consciência do caráter tem nas mãos a pluralidade da duração desdobrada. Aos olhos da intuição, as duas condições estão "reunidas", já não constituem alternativa.

De fato, nós é que falamos de contradição, de reunião: opomos o "em si" ao "para si". Bergson, porém, fala de dois elementos misturados: fala da participação na existência física e da participação na consciência como qualidades. Bergson nunca fala de *sua* consciência; ele não apercebe a diferença fundamental de textura entre o *partes extra partes* e o ser que se sabe. Ao pôr o problema de modo insuficientemente agudo, dele só oferece uma solução insuficiente. Bergson sempre nos conduz à beira de uma intuição que ele não efetua. No lugar de *colocar* no mundo *germes* de consciência e *deixar* na consciência *traços* da | materialidade, teria sido preciso captar a cons- 101
ciência como história e profusão; teria sido preciso, na percepção exterior, mostrar que a exigência de conexão e a exigência de apresentação estão ligadas, fazer aparecer a conexão através *do horizonte* da percepção, que não exclui certo "balanceio". Bergson oscila entre os termos da alternativa, no lugar de ultrapassá-la efetivamente. Se a tivesse ultrapassado, e apenas sob essa condição, teria tido o direito de recusar a questão: "Onde se conservam as lembranças?", como ele o fará em seguida. Como teria o direito a isso, ele que fala de um "lugar psíquico"? A fraqueza de sua teoria do inconsciente está ligada à fraqueza geral de sua descrição do "para si".

Comentário de texto: "Buscar a experiência em sua fonte"

O texto[221]

"O que chamamos ordinariamente um *fato* não é a realidade tal como apareceria a uma intuição imediata, mas uma adaptação do real aos interesses da prática e às exigências da visa social. A intuição pura, exterior ou interna, é a de uma continuidade indivisa. Nós a fracionamos em elementos justapostos, que correspondem, aqui, a *palavras* distintas, ali, a *objetos* independentes. Mas, justamente porque rompemos assim a unidade de nossa intuição original, sentimo-nos obrigados a estabelecer entre os termos disjuntos um vínculo, que já não poderá ser senão exterior e sobreposto. À unidade viva, nascida da continuidade interior, substituímos a unidade factícia de uma moldura vazia, inerte como os termos que ela mantém unidos. Empirismo e dogmatismo concordam, no fundo, em partir dos fenômenos assim reconstituídos, e diferem apenas no fato de o dogmatismo prender-se mais à forma e o empirismo, à matéria. O empirismo,

[221] *Matière et mémoire*, cap. IV; *Œuvres*, p. 319-323; trad. br., p. 213-218.

com efeito, sentindo vagamente o que há de artificial nas relações que unem os termos entre si, atém-se aos termos e negligencia as relações. Seu erro não consiste em dar demasiado valor à experiência, mas, ao contrário, em substituir a experiência verdadeira, aquela que nasce do contato imediato do espírito com seu objeto, por uma experiência desarticulada e portanto certamente
103 desnaturada, em todo caso arranjada | para maior facilidade da ação e da linguagem. Justamente porque essa fragmentação do real se operou em vista das exigências da vida prática, ela não acompanhou as linhas interiores da estrutura das coisas: por isso o empirismo é incapaz de satisfazer o espírito em qualquer um dos grandes problemas, e inclusive quando chega à plena consciência de seu princípio, abstém-se de colocá-los. – O dogmatismo descobre e resgata as dificuldades para as quais o empirismo fecha os olhos; mas, para falar a verdade, busca a sua solução na via que o empirismo traçou. Também ele aceita esses fenômenos desligados, descontínuos, com os quais o empirismo se contenta, e esforça-se apenas em fazer uma síntese que, não tendo sido dada numa intuição, terá sempre necessariamente uma forma arbitrária. Em outras palavras, se a metafísica não é mais que uma construção, há várias metafísicas igualmente verossímeis, que se refutam consequentemente umas às outras, e a última palavra caberá a uma filosofia crítica, que toma todo conhecimento por relativo e o fundo das coisas por inacessível ao espírito. Tal é, com efeito, a marcha regular do pensamento filosófico: partimos daquilo que acreditamos ser a experiência, procuramos diversos arranjos possíveis entre os fragmentos que a compõem aparentemente, e, diante da fragilidade reconhecida de todas as nossas construções, acabamos por renunciar a

construir. – Mas haveria um último empreendimento a tentar. Seria ir buscar a experiência em sua fonte, ou melhor, acima dessa *virada* decisiva em que ela, infletindo-se no sentido de nossa utilidade, torna-se propriamente experiência *humana*. A impotência da razão especulativa, tal como Kant a demonstrou, talvez não seja, no fundo, senão a impotência de uma inteligência submetida a certas necessidades da vida corporal e exercendo-se sobre uma matéria que foi preciso desorganizar para satisfação de nossas necessidades. Nosso conhecimento das coisas já não seria então relativo à estrutura fundamental de nosso espírito, mas somente aos seus hábitos superficiais e adquiridos, à forma contingente que depende de nossas funções corporais e de nossas necessidades inferiores. A relatividade do conhecimento não seria, portanto, definitiva. Desfazendo o que essas necessidades fizeram, reestabeleceríamos a intuição em sua pureza primeira e retomaríamos contato com o real.

Esse método apresenta, na aplicação, dificuldades | 104
consideráveis e que não cessam de renascer, porque ele exige, para a solução de cada novo problema, um esforço inteiramente novo. Renunciar a certos hábitos de pensar e mesmo de perceber já é difícil: mas esta é só a parte negativa do trabalho a ser feito; e, quando a fizemos, quando nos colocamos naquilo que chamávamos a *virada* da experiência, quando aproveitamos a nascente claridade que, ao iluminar a passagem *do imediato ao útil*, dá início à aurora de nossa experiência humana, resta ainda reconstituir, com os elementos infinitamente pequenos que percebemos da curva real, a forma da própria curva que se estende na obscuridade deles. Nesse sentido, a tarefa do filósofo, tal como a entendemos, assemelha-se em muito à do matemático que determina uma função

partindo da diferencial. O procedimento extremo da filosofia é um verdadeiro trabalho de integração.

Tentamos outrora a aplicação desse método ao problema da consciência, e nos pareceu que o trabalho utilitário do espírito, no que concerne à percepção de nossa vida interior, consistia numa espécie de refração da duração pura através do espaço, refração que nos permite separar nossos estados psicológicos, conduzi-los a uma forma cada vez mais impessoal, impor-lhes nomes, enfim, fazê-los entrar na corrente da vida social. Empirismo e dogmatismo tomam os estados interiores sob essa forma descontínua, o primeiro atendo-se aos próprios estados para ver no eu apenas uma sequência de fatos justapostos, o outro compreendendo a necessidade de um vínculo, mas já não podendo achar esse vínculo senão em uma forma ou em uma força – forma exterior onde o agregado se inseriria, força indeterminada e, por assim dizer, física, que garantiria a coesão dos elementos. Daí os dois pontos de vista opostos sobre a questão da liberdade: para o determinismo, o ato é a resultante de uma composição mecânica dos elementos entre si; para seus adversários, se estivessem rigorosamente de acordo com seu princípio, a decisão livre deveria ser um *fiat* arbitrário,[222] uma verdadeira criação *ex nihilo*. – Pensamos que haveria um terceiro partido a tomar. Seria colocarmo-nos na duração pura, cujo escoamento é contínuo, e onde passamos, por gradações insensíveis, de um estado a outro; continuidade realmente vivida, mas artificialmente decomposta para
105 a maior comodidade | do conhecimento usual. Então
acreditamos ver a ação sair de seus antecedentes por uma evolução *sui generis*, de tal sorte que encontramos nessa

[222] A transposição do texto de Bergson diz: "*fait arbitraire*". (N.T.)

ação os antecedentes que a explicam, e no entanto ela acrescenta aí algo de absolutamente novo, estando em progresso neles como o fruto na flor. A liberdade não é de modo algum reconduzida por isso, como se disse, à espontaneidade sensível. Quando muito seria assim no animal, cuja vida psicológica é sobretudo afetiva. Mas no homem, ser pensante, o ato livre pode ser chamado uma síntese de sentimentos e de ideias, e a evolução que conduz a isso, uma evolução racional. O artifício desse método consiste simplesmente, em suma, em distinguir o ponto de vista do conhecimento usual ou útil e o do conhecimento verdadeiro. A duração, *onde nos vemos agir* e onde é útil que nos vejamos, é uma duração cujos elementos se dissociam e se justapõem; a duração *onde agimos,* porém, é uma duração onde nossos estados se fundem uns aos outros, e nesse passo é que devemos fazer um esforço para nos recolocarmos, mediante o pensamento, no caso único e excepcional em que especulamos sobre a natureza íntima da ação, ou seja, na teoria da liberdade."

Comentário

Essas páginas têm duplo interesse.

1) Em primeiro lugar, a respeito da relação entre a experiência e a construção em metafísica.

Toda síntese deve ser dada em uma intuição, sob pena de ser arbitrária, como as que Bergson reprova ao dogmatismo. Deve-se, portanto, recusar toda análise (mesmo ideal) do conhecimento em termos de múltiplo e de ligação desse múltiplo. Para que a unidade metafísica seja natural, é preciso reencontrar em si e fora de si aquilo que se sabe devido ao fato de que se existe, ou seja, captar a vida em

nós que vivemos. O instinto é um vínculo pré-humano com os viventes. Bergson visa reencontrar esse vínculo pré-humano. Tenta encontrar uma passagem entre um ser
106 que não sabe nada | e um saber cortado do ser. O instinto não sabe nada; a inteligência sabe, mas longe das coisas. É preciso, portanto, juntar nosso ser mudo ao nosso ser revelado, restabelecer, por um esforço violento, o nosso ser espontâneo, extrair um saber de nossa unidade primordial com as coisas. Só dispomos, porém, de um fragmento da curva: não somos o todo do ser. O método bergsoniano não será, portanto, uma identificação pura e simples, mas um vai-e-vem entre o contato com o ser e a construção (a "integração") deste último.

O riso contém uma teoria positiva da linguagem como encantação: "por meio de arranjos ritmados de palavras, que assim conseguem se organizar em conjunto e se animar com uma vida original, eles nos dizem, ou melhor, eles nos sugerem coisas que a linguagem não foi feita para exprimir".[223] Mas trata-se, neste caso, dos poetas. Se a linguagem fosse portadora de verdade apenas ao fazer-se encantação, por que ainda seriam necessários os filósofos? Bergson, portanto, deveria ter desmentido a sua teoria da imediação e edificado uma teoria da verdadeira comunicação. Se a tarefa do filósofo é "reconstituir a forma da curva", a filosofia de Bergson não pode esgotar-se na imediação. Se a vida ignora a si mesma, é preciso refundir a teoria da inteligência e a da linguagem válida. De resto, esse trabalho já foi iniciado: em *O pensamento e o movente*, Bergson voltou ao problema da intuição.

---

[223] *Œuvres*, p. 482; trad. br., p. 117 (São Paulo: Martins Fonte, 2007).

2) Em segundo lugar, a respeito das relações da razão e da liberdade.

Bergson toma como exemplo de intuição a do eu, onde a duração aparece em sua unidade natural. Mas eis que, à objeção "A liberdade é reconduzida por essa via a uma espontaneidade sensível", ele responde que, "no homem, ser pensante, o ato livre pode chamar-se uma síntese de sentimentos e de ideias, e a evolução que conduz a isso é uma evolução racional". Isto é reconhecer que o ato livre não sai do eu como o fruto sai da flor. A novidade do ato pertence, por princípio, a todo momento da duração. Mas tal novidade, ante-
cipadamente garantida | a todo ato, não é a novidade 107
plena. Os *Dados imediatos da consciência* já o diziam: "Muitos vivem [...] e morrem sem nunca ter conhecido a verdadeira liberdade".[224] A liberdade, portanto, não é somente uma propriedade formal do devir psíquico: só haverá verdadeira duração se, em seu desenrolar, se interpuser um momento no qual o ato é suspenso, onde o sentido do passado é clarificado e recolhido. A duração não é, portanto, duração em cada um de seus instantes: é preciso que ela se restabeleça reflexiva e praticamente, ao mesmo tempo, sem o que a expressão "evolução racional" permaneceria privada de sentido.

As páginas que seguem têm por meta obter uma intuição do mundo: a extensão por trás do espaço, o movimento individual por trás da série de posições ocupadas pelo móvel. Aplicada ao movimento, a intuição parece bem ser, novamente, uma coincidência: a consciência se reúne ao movimento efetivo ao voltar do movimento da

---

[224] *Œuvres*, p. 110; trad. port. p. 117 (Lisboa: Edições 70, 2011).

multiplicidade à unidade do movimento, da trajetória ao trajeto. Uma questão se põe: será que, para nós, a consciência vai consistir em reencontrar o interior do movimento? Na época de *Matéria e memória*, o movimento é "um todo sólido e indiviso".[225] Ora, Bergson não se pergunta se tal percepção é separável de toda percepção exterior: há consciência da duração sem consciência de um múltiplo? Kant mostrou, em sua *Refutação do idealismo*, que o tempo só podia ser percebido sobre fundo de espaço. Bergson deveria mostrar que há um espaço vivido; passar, não do espaço ao tempo, mas do espaço desmembrado à extensão. Aliás, ele o disse neste mesmo capítulo IV: "Seria possível [...] desvencilhar-se do espaço sem sair da extensão, e nisso haveria bem um retorno ao imediato".[226] A indicação, porém, não tem as sequências que ela comportava.

Assim, após ter apresentado uma primeira concepção da intuição (a coincidência imediata), Bergson a completou pela ideia de integração, portanto, de construção: sua intuição tendeu a se tornar dialética. A sequência, porém, mostrou que ele esquecia tais arranjos e, na prática, voltava à sua concepção inicial.

Nota sobre os argumentos de Zenão. – Bergson está
108 errado | ao concluir, como ele o faz, que o movimento é "um todo indiviso".[227] Ele próprio não fala, a propósito da dicotomia, como "de uma sequência de fatos indivisos"?[228] Se há sequência, o problema se repõe inteiramente. Bergson tem razão contra a ideia de que o

---

[225] *Ibid.*, p. 325; trad. br., p. 222.

[226] *Ibid.*, p. 323; trad. br., p. 218.

[227] *Ibid.*, p. 324; trad. br., p. 222.

[228] *Ibid.*, p. 327; trad. br., p. 224.

movimento seria uma simples mudança de coordenadas; errado, se for verdade que o movimento é uma mudança de estado, como ele próprio o afirma: "o movimento real é, antes, o transporte de um estado do que de uma coisa".[229] Tal mudança de estado, se não deixa um sulco espacial, não é um movimento. Quer retirar o movimento do espaço e transferi-lo para o lado do tempo, mas ele suprime o movimento. Por que o senso comum traduz o movimento em termos de espaço? Que seria o movimento sem essa tradução? Bergson ultrapassa as contradições sem as assumir, pois isso exigiria mais que uma coincidência: uma compreensão da contradição, sem o que a intuição equivale a uma renúncia de pensar.

[229] *Ibid.*, p. 337; trad. br., p. 237.

As relações da intuição e da construção em metafísica: Bergson

A respeito da intuição e de sua natureza, a obra de Bergson traduz oscilações de pensamento, mais do que uma mudança.

A introdução à metafísica (1903) expõe uma doutrina da intuição diferente daquela de *Matéria e memória* (1896). Mas *A evolução criadora* (1907) retoma a tese da intuição-coincidência! Ademais, o prefácio de *O pensamento e o movente* (1922, publicada em 1932), faz reaparecer a oposição. Nessa mesma obra, Bergson acrescenta uma longa nota,[230] para voltar ao seu "concordismo". Seguindo os textos, a intuição é uma coincidência com o objeto (primeira concepção) ou, ao contrário, é apenas um caso-limite, o espírito sendo obrigado a elaborar imagens e conceitos em vista de uma reconstrução (segunda concepção). Na realidade, trata-se de uma dificuldade reencontrada por Bergson permanentemente.

A intuição-coincidência

Nesta primeira concepção, há, rigorosamente, apenas uma intuição de si mesmo: "Ao menos uma parte da

[230] *Œuvres*, p. 1392-1393.

realidade, nossa própria pessoa, pode ser recuperada em
110 sua | pureza natural.[231] A intuição será, portanto, um conhecimento do eu, de uma parte limitada do real. "A intuição de que falamos se refere, portanto, antes de tudo, à duração interior".[232] Se ela se estende a outra coisa que não o eu, isso se dará mediante uma série de dilatações: "Podemos nos dilatar indefinidamente por meio de um esforço cada vez mais violento".[233]

1) Uma primeira extensão nos faz atingir o eu inconsciente. "Intuição significa, portanto, inicialmente, consciência, mas consciência imediata, visão que apenas se distingue do objeto visto, conhecimento que é contato e mesmo coincidência. – Em seguida, é consciência ampliada, pressionando a borda de um inconsciente que cede e resiste, que se dá e se retoma: através de rápidas alternâncias de obscuridade e de luz, ela nos faz constatar que o inconsciente está ali".[234] Esta é a visão marginal que tem, pela porta aberta, aquele que passa diante de um cômodo sem entrar nele.

2) Uma segunda extensão nos introduz na "consciência em geral" por meio de uma "endosmose psicológica".[235] É a este tipo de intuição que se apega, por exemplo, a telepatia.

3) Da consciência em geral, passamos à vida por meio de uma terceira extensão: "Simpatizamos apenas

---

[231] *La pensée et le mouvant*, "Essai introductif"; *Œuvres*, p. 1269.

[232] *Ibid.*; *Œuvres*, p. 1272.

[233] Cf. *Introduction à la métaphysique*; *Œuvres*, p. 1419.

[234] *La pensée et le mouvant*, "Essai introductif"; *Œuvres*, p. 1273.

[235] *Ibid.*, p. 1273.

com consciências? Se todo ser vivo nasce, se desenvolve e morre, se a vida é uma evolução e se aqui a duração é uma realidade, não há também uma intuição do vital, e, por conseguinte, uma metafísica da vida, que prolongará a ciência do vivente?".[236]

4) Enfim, uma quarta extensão nos conduzirá à matéria desorganizada: "O universo material, em seu conjunto, *faz* a nossa consciência *esperar*; espera a si mesmo [...] Ele diz respeito à intuição por tudo o que ele contém de mudanças e de movimentos reais".[237] A matéria
é |, portanto, captada tal como o inconsciente o era: é 111
aquilo que está na borda do eu. Bergson acrescenta que "a ideia de diferencial, ou antes, de flúxion, foi sugerida à ciência por uma visão desse tipo".[238] (Mesma indicação na *Introdução à metafísica*, a propósito da matemática moderna: "Estimamos que, das grandes descobertas, várias das quais ao menos transformaram as ciências positivas ou criaram novas, foram sondagens na duração pura".[239] A intuição, tendo o espírito como "domínio próprio", queria "captar nas coisas, mesmo materiais, sua participação na espiritualidade".[240] A intuição do mundo é, portanto, indireta. Nessa primeira concepção, a metafísica tem um objeto limitado, um método especial: a concordância com a ciência se torna possível com base em uma partilha do real. "A ciência preenche, portanto, metade do programa da antiga metafísica. [...] A metafísica não é, portanto, a superior da ciência positiva. [...] Ambas

[236] *Ibid.*, p. 1273.

[237] *Ibid.*, p. 1274.

[238] *Ibid.*, p. 1274.

[239] *Œuvres*, p. 1425.

[240] *Ibid.*, p. 1274.

se referem à própria realidade. Dela, porém, cada uma só retém a metade".[241] A ciência se encarrega, então, de conhecer o que não é nós mesmos.

A intuição como compreensão

Mas isso é insuficiente: "Como o espírito e a matéria se tocam, metafísica e ciência vão poder, ao longo de sua superfície comum, pôr à prova uma à outra, esperando que o contato se torne fecundação".[242] Há "invasão recíproca dos dois objetos um sobre o outro".[243] Devido a este fato, a metafísica não está mais localizada no espírito.

Nas Conferências de Oxford, a metafísica se apresenta como uma percepção do mundo: "Não deveríamos antes (sem renunciar, isso é óbvio, ao exercício das faculdades de concepção e de raciocínio) nos vol-
112 tar à percepção, obter que ela dilate e se estenda"?[244] | Trata-se, portanto, de um retorno à percepção, e não à intuição. "Suponham", diz Bergson, "[...] que nós nos aprofundemos [na percepção] para escavá-la e ampliá-la. Suponham que nela insiramos a nossa vontade, e que esta vontade, ao se dilatar, dilate a nossa visão das coisas".[245] Obteríamos uma filosofia que "tudo teria apreendido".[246]

Tal filosofia deve ser capaz de nos dizer o que ela percebe. Aos conceitos "fixos", "rígidos", "aos contornos paralisados" do dogmatismo,[247] ela substituiria "conceitos

---

[241] *Ibid.*, p. 1286.

[242] *Ibid.*, p. 1287.

[243] *Introduction à la métaphysique*; *Œuvres*, p. 1393; nota.

[244] *La perception du changement*; *Œuvres*, p. 1369.

[245] *Ibid.*, p. 1370.

[246] *Ibid.*, p. 1370.

[247] *Ibid.*, p. 1421.

novos [...], desta feita talhados sob a medida do objeto". Os novos conceitos serão "representações leves, móveis, quase fluidas, sempre prontas para se amoldar às formas fugidias da intuição".[248] O uso dos conceitos é, portanto, legítimo e necessário em metafísica: "Os conceitos lhe são indispensáveis".[249]

A própria conceptualização científica está fundada na natureza das coisas. Ao lado da "matemática formulada", há uma matemática "virtual ou implícita", que é "natural ao espírito humano"[250]. A conceptualização científica não deixa de ter contato com a intuição. A ciência vive de intuição. "O mais poderoso dos métodos de investigação de que dispõe o espírito humano, a análise infinitesimal, nasceu dessa inversão mesma".[251] A matemática moderna visa "seguir a geração das grandezas".[252] De resto, "a quantidade sempre é qualidade em estado nascente".[253] A metafísica vai operar, portanto, "diferenciações e integrações qualitativas".[254] O próprio contexto da formulação científica é intuitivo. Galileu procedeu a "uma sondagem" na duração.[255] Estamos longe de uma concordata[256] concluída em uma distinção dos domínios:

---

[248] *Ibid.*, p. 1402.

[249] *Ibid.*, p. 1401.

[250] *Œuvres*, p. 1278.

[251] *Introduction à la métaphysique*; *Œuvres*, p. 1422.

[252] *Ibid.*, p. 1422.

[253] *Ibid.*, p. 1422-1423.

[254] *Ibid.*, p. 1423.

[255] *Ibid.*, p. 1425.

[256] Na acepção de Antônio Houaiss: "acordo diplomático que o Vaticano celebra com outro Estado, com o que teve um passado de desinteligência, com o objetivo de regular as suas relações mútuas, nas matérias de interesse comum". (N.T.)

doravante, a ciência filosofa, e a filosofia é concebida como uma ciência. "A ciência moderna não é nem una nem simples".[257] As suas ideias profundas e fecundas "são
113 tomadas | de contato com correntes de realidade que não
convergem necessariamente em um mesmo ponto".[258] *O pensamento e o movente* distinguirá, no mesmo espírito, dois tipos de clareza: o tipo superior sendo o da "ideia radicalmente nova e absolutamente simples", como veremos; [o tipo inferior sendo o da ideia que, sendo] obscura, [pode] dissipar obscuridades".[259]

Assim, a intuição é obtida ao término de um trabalho. "Filosofar consiste precisamente em colocar-se, por um esforço de intuição, no interior dessa realidade concreta na qual a crítica vem tomar, de fora, as duas perspectivas opostas, tese e antítese".[260] A passagem pela tese e pela antítese pode, portanto, ser um meio de obter a intuição.

A intuição não é a captação de uma unidade sem diversidade; o "dogmatismo" é que capta uma unidade sem fissura.[261] A intuição metafísica tem "um caráter essencialmente ativo".[262] Não se trata de "simplesmente enxergar-se a viver".[263] Ela nos permite – este é o seu paradoxo – "afirmar a existência de objetos inferiores e superiores a nós, embora, entretanto, em certo sentido, superiores a nós".[264] A duração é essa realidade paradoxal que nos liga às coisas, e a coisas

---

[257] *Ibid.*, p. 1430.

[258] *Ibid.*, p. 1430.

[259] "Essai introductif"; *Œuvres*, p. 1276.

[260] *Introduction à la métaphysique*; *Œuvres*, p. 1430.

[261] *Introduction à la métaphysique*; *Œuvres*, p. 1408-1409.

[262] *Ibid.*, p. 1416.

[263] *Ibid.*, p. 1416.

[264] *Ibid.*, p. 1416.

exteriores a nós. Na intuição, a coincidência se confunde, portanto, com um movimento de transcendência: nós coincidimos, decerto, mas com um movimento que sai de nós. "Assim como uma consciência com base em certa paleta de cores, que simpatizasse interiormente com o alaranjado no lugar de percebê-lo exteriormente, se sentisse entre vermelho e amarelo, chegaria talvez a pressentir, abaixo desta última cor, todo um espectro em que naturalmente se prolonga a continuidade que vai do vermelho ao amarelo, assim também a intuição de nossa duração, bem longe de nos deixar suspensos no vazio como o faria a pura análise, nos põe em contato com toda uma continuidade de durações que devemos tentar seguir, seja para baixo, seja para cima: em ambos os casos, podemos nos dilatar indefinidamente por um esforço | cada vez mais violento, em ambos os casos 114
transcendemos a nós mesmos".[265] "Transcender": ali está a palavra. A simpatia não consiste mais, aqui, em "fazer-se organismo", mas supõe um esforço para *retomar a coisa a ser conhecida*. Temos em nós mesmos os meios para esta retomada, como a dar um sentido à vida. A intuição se torna uma reunião de signos e de fatos, graças a um sentido. A simpatia não é mais uma recepção, mas uma compreensão.

É bem isso que torna possível a Conferência sobre *A intuição filosófica*.[266] Todo sistema, se acreditarmos em Bergson, encerra uma intuição central. Ora, se nos ativermos à sua primeira filosofia, em cada sistema deveria haver uma pluralidade de intuições. Se a intuição fosse simples coincidência, em cada grande filosofia não haveria tal articulação interior das teses; nela não se descobriria tal lógica da intuição. É porque a intuição é um

[265] *Ibid.*, p. 1419.

[266] *Œuvres*, p. 1345-1365.

movimento de compreensão que as intuições de uma filosofia formam uma espécie de organismo ou de sistema. "O sentido [...] é menos uma coisa pensada do que um movimento de pensamento, menos um movimento do que uma direção".[267] Há, portanto, lógica da intuição e sentido de uma filosofia: a concepção exposta em 1903, na *Introdução à metafísica*, deixava mais possibilidades de integrar a inteligência à intuição do que as que foram deixadas pela concepção de *Matéria e memória*.

[267] *Ibid.*; *Œuvres*, p. 1358.

Os sentidos e o inconsciente

(Aula inédita do Curso de Lyon, redigida por Michel Jouhaud)

Por ocasião da reflexão sobre a sensação, à qual Maine de Biran nos convida, convém refletir sobre a noção de inconsciente. Para Maine de Biran, a consciência se acrescentaria, com a motricidade voluntária, à vida animal caracterizada pelos sentidos. Como pode haver sentidos sem consciência?

Raramente se põe o problema dos sentidos. Sua noção não teria direito de cidade na teoria do conhecimento: ela parece provir de se enxergar o sujeito exteriormente. E se, ao contrário, eu captasse o sujeito do interior e por reflexão, desapareceriam as razões que eu teria para falar dos sentidos. A inspiração cartesiana se opõe à dignidade filosófica da noção de sentido: não é o olho que vê, mas a alma. A consciência não reflete objeto como o faz a imagem da retina. Ademais, nenhum aparelho é capaz de ver pensando que vê, pois isso é tão somente fato do pensamento. Não há um meio entre pensar e não pensar, não há pensamento que não seja transparente a si mesmo. Não é possível conceber qualquer espécie de ação sofrida pelo pensamento

assim definido. O pensamento está protegido contra toda causalidade transitiva, pelo fato de que ele não é uma coisa. Assim compreendida, a consciência é centrífuga, e não se concebe como algo poderia atingi-la. A noção de inconsciente seria inconsistente. É o que quer dizer Brunschvicg quando louva Malebranche por recusar-se
116 a reconhecer | em nós algum poder capaz de fazer os nossos pensamentos, ainda que fosse o ato de atenção. O pensamento não tem certidão de nascimento. O inconsciente (a tendência) é apenas um apelo à inteligência, ao qual a inteligência não obedece, pois ela é de outra ordem.[268] Nada há a explicar fora da inteligência, e não há por que explicar a esta última; há de se constatá-la somente. Sequer é possível dizer que o pensamento se ausenta: somos nós que lhe faltamos, mais do que ele nos falta. Para que o quase-eu da intuição biraniana esteja em condições de aprovar essa intuição, é preciso que se recolha, que ele seja Eu, ou não será consciência do todo. Estamos, portanto, encerrados em uma alternativa: não é possível guardar a noção de inconsciente senão ao fazer do pensamento uma noção inautêntica.

Mas com o que nos comprometemos ao afirmarmos que não há inconsciente?

Não é necessário que a negação do inconsciente, diz Politzer, seja a afirmação da consciência, no sentido

---

[268] "Malebranche, com o olhar de uma profundidade incomparável que os filósofos do século XVII lançaram sobre o inconsciente, mostra como o esforço intelectual, como a vontade de compreender, são apenas apelos à inteligência: a inteligência ultrapassa esses apelos, porque as ideias são realidades de uma ordem inteiramente distinta da ordem dos dados sensíveis da consciência [...]. É como testemunha, mas como testemunha impotente, que assistimos ao nascimento de nosso pensamento" (*L'expérience humaine et la causalité physique*; ed. cit., p. 9-10).

dado pela maioria dos psicólogos: a contemplação de uma representação.[269] A negação | do inconsciente é insustentável na medida em que ele é a negação do desconhecido e a afirmação de que a consciência não aprende nada sobre si mesma, mas na medida em que ela já conhecesse tudo o que nela se passa. Será sustentável, por exemplo, no caso do nascimento do amor? É perfeitamente possível que eu não tenha extraído a significação das minhas condutas inconscientes, e que um observador a revele para mim. Talvez cada fase do sentimento tenha sido consciente, mas não sob a forma de representações denominadas. Há, ao menos, algo informulado. 117

Vamos distinguir, portanto, consciência e conhecimento. O inconsciente, segundo Freud, é um não assumido. Ele não é inteiramente ignorado por mim, pois meus esforços para afastá-lo supõem uma pré-noção. Trata-se de algo que tem figura para a consciência, mas que ela se recusa a nomear. É preciso distinguir entre estar apaixonado e conhecer que se está apaixonado. O fato de que estou apaixonado é uma razão para não conhecer que

[269] Maurice Merleau-Ponty resume, aqui, o seguinte desenvolvimento de Georges Politzer: "[...] Somente os procedimentos da abstração permitem afirmar o inconsciente a respeito dos fatos psicanalíticos. Nessas condições, para afastar o reproche de que nossa crítica seja 'reativa', será suficiente mostrar que negar o inconsciente a respeito desses fatos não significa de modo algum que seja preciso encontrar a maneira pela qual o conteúdo do inconsciente possa ser concebido como consciente. Com efeito, *a negação do caráter inconsciente de um fato psicológico não implicaria a afirmação do seu caráter consciente a não ser que fosse absolutamente necessário conceber, de um modo ou de outro, a realidade do fato em questão*. É assim, por exemplo, que a negação do caráter inconsciente do conteúdo latente do sonho não implicaria sua posição na consciência, exceto se o conteúdo latente devesse ser absolutamente concebido como psicologicamente real no momento em que o sonho se elabora e se desenrola" (*Critique des fondements de la psychologie*, cap. IV. Paris: PUF, 1967, segunda edição, p. 203);

eu esteja apaixonado, visto que eu me empenho em viver este amor, no lugar de colocá-lo diante de meus olhos.

Todo conhecimento, diz a psicologia da forma, é a percepção de uma figura sobre um fundo. Ele deve se rodear de um halo de não conhecido ou, ao menos, conhecido com uma margem de desatenção, que não é um suplemento, mas um elemento essencial. Devido ao fato de que o objeto é uma figura, errou-se na análise do conhecimento ao considerá-lo como se ele estivesse desprovido de um fundo. É preciso rodear o conhecimento com uma luva de consciência que não põe o objeto enquanto objeto. Isso é o vivido não denominado, o que Freud chama incorretamente de inconsciente. Não há lugar para analisar a consciência como não tendo de se haver senão com objetos, pois nenhum deles jamais é simultaneamente objeto para ela.

A noção cartesiana da alma exige que tenhamos por simples aparência impensável a dispersão da alma no corpo: essa dispersão me obriga a admitir uma divisão da alma consigo mesma. Devo revogar em dúvida a consciência imediata e me instalar no conhecimento reflexivo. Minha percepção visual, que creio habitar os meus olhos, volta à alma inteiramente centrada. É preciso abandonar, desnuda de sentido, essa divisão da alma consigo mesma. O
118 espetáculo é somente o produto da | atividade do espírito que ata entre si as relações desse espetáculo.

Mas o que exige a noção dos sentidos? Isto é, o que ela exige para o sujeito, afora o que neles é para outrem?

Meus olhos, minha visão, me aparecem como pré-pessoais, naquilo que, para mim, eles são limitados: meu campo visual é limitado, mas de maneira imprecisa e variável; não é como uma janela, que recorta nitidamente. Na visão que se perde nos limites do campo, capto que minha consciência é de algum modo atacada por trás; minha visão não é uma operação da qual eu seja o mestre. Mesmo no interior do campo, nem tudo é visível: os objetos se escondem uns dos outros; posso me deslocar para dar suplemento a isso, mas nenhuma dessas aparições será exaustiva. Há, por trás da consciência, "o objeto como aberto".

A esse dado, deve corresponder algo do lado do sujeito. O sujeito cartesiano não pode visar a um objeto aberto, isto é, inesgotável. Ao passar à reflexão cartesiana, perde-se o objeto aberto e inacabado. Descartes responderá evidentemente que esse objeto aberto é inadequado. Mas procuramos ver do que ele se priva ao adotar a atitude decisiva da reflexão. Os sentidos seriam tal pensamento não em possessão de seu objeto, pensamento não totalizável.

A que posição aliar-se? O *onus probandi* incumbe mais ao entendimento, visto que toda a história do saber desde Descartes nos mostra que talvez não haja ideias adequadas. Seria possível uma análise que definisse o pensamento, não pela plenitude de sua captação do objeto, mas por este tipo de cessação da atividade do espírito que constitui certezas, das quais se sabe que terão de ser revisadas, mas que não são nada. Seria preciso introduzir, desde o princípio, uma inadequação do pensamento a si mesmo, sem a qual não se pode compreender o erro, a ilusão, a historicidade do saber. Assim, é preciso reconhecer desde a origem um princípio de passividade na liberdade, senão não se compreenderão as dificuldades da liberdade, nem que ela possa ser solicitada.

Nota complementar

Malebranche, Biran e Bergson na obra de Maurice Merleau-Ponty

Sem termos a pretensão de oferecer um levantamento exaustivo das páginas em que Merleau-Ponty evoca o ensinamento dos filósofos clássicos, acreditamos ser útil assinalar certo número de textos paralelos aos textos deste curso, seja pelo assunto, seja pela inspiração.

Empregamos as seguintes abreviações:

SC	*La structure du comportement*. Paris: PUF, 1949, 2ª edição (1ª edição, Paris: PUF, 1942).
PP	*Phénoménologie de la perception*. Paris: Gallimard, 1945.
SNS	*Sens et non-sens*. Paris: Nagel, 1948 (2ª edição, Paris: Gallimard, 1996).
S	*Signes*. Paris: Gallimard, 1960.
Œ	*L'œil et l'esprit*. Paris: Gallimard, 1964.
VI	*Le visible et l'invisible*. Paris: Gallimard, 1964.
EP	*Éloge de la philosophie et autres essais*. Paris: Gallimard, 1965.
RC	*Résumés de cours*. Collège de France 1952-1960. Paris: Gallimard, 1969.
PM	*La prose du monde*. Paris: Gallimard, 1969.

A bibliografia detalhada da obra de Maurice Merleau-Ponty se encontra em *Merleau-Ponty, sa vie, son œuvre*, por André Robinet (Paris: PUF, 1963, p. 67-74).

Primeira aula: Nota sobre a história da filosofia

- O conteúdo desta aula prefigura o do ensaio intitulado "La philosophie et le 'dehors'", publicado em *Les grands philosophes*. Paris: Mazenod, 1956; reproduzido em S, p. 158-167; em seguida, em EP, p. 170-185.
- Ver igualmente: VI, p. 242 e 252-253; e PM, p. 128-137 (sobre o sentido da obra cartesiana).
- Ver notadamente SC, p. 225; PP, p. 232-232; OE, p. 55-57; VI, p. 288 e 326-327; RC, p. 97-101 e 127-128.

Terceira aula: A consciência de si em Malebranche

1) Sobre o *cogito* cartesiano: ver notadamente SC, p. 210-212; PP, p. 425-426 e 459-461; VI, p. 326-327; PM, p. 184. A comunicação pronunciada em 23 de novembro de 1946 sobre *O primado da percepção e suas consequências filosóficas* (*Bulletin de la Société française de philosophie*, Paris: Lagrasse, Verdier, 1996, p. 60-61 [ed. bras. Autêntica, 2015]), "três modos de compreender o *cogito*".
2) Sobre o conhecimento por sentimento e a passividade em Malebranche: ver notadamente VI, p. 66 e 302.
3) Sobre a experiência da passividade: SC, p. 233.
- A expressão "contato cego", empregada na p. 21, encontrase em SC, p. 213, aplicada a Descartes.

Quarta aula: Os juízos naturais e a percepção

1) Sobre a teoria cartesiana da percepção e suas dificuldades: ver notadamente SC, p. 205-207 e 211-213; PP, p. 46-57; OE, p. 36-60; VI, p. 263.
2) Sobre os juízos naturais em Malebranche: ver notadamente SC, p. 212-213; PP, p. 297-298.
- A transcendência do ego, de J.-P. Sartre, é citada acima, p. 33-34; é citada e comentada em SC, p. 238-239.

Quinta aula: Extensão sensível e extensão inteligível

1) Sobre o infinito positivo e o *partes extra partes* na filosofia clássica do século XVII: S, p. 186-188 (cf. EP, p. 220-222).

2) Sobre o "pé cúbico" de extensão, ver acima p. 42: S, p. 186-188; cf. EP, p. 220-222.
- A "conexão com a existência" evocada acima, p. 42, faz eco à "conexão viva", mencionada em PP, p. 237.

Sexta aula: A causalidade nas relações da alma e do corpo
- Sobre o ocasionalismo de Malebranche: SC, p. 238; PM, p. 130.

Sétima aula: Teologia e união da alma e do corpo
1) Sobre a filosofia religiosa de Malebranche: SNS, p. 149; S, p. 181-183; cf. EP, p. 209-213; PM, p. 113.
2) Sobre o cristianismo de Kierkegaard: SNS, p. 359; PM, p. 113.
- Em vários momentos de sua obra, Merleau-Ponty elogia Malebranche por ter visto no mundo "uma obra inacabada": ver notadamente PP, p. 465 e *O primado da percepção e suas consequências filosóficas* (Autêntica, 2015), p. 53.

Oitava à Décima aula: De Malebranche a Maine de Biran: Maine de Biran e as filosofias do *cogito*, I e II
1) Sobre o sujeito biraniano, "que não se sabe somente no mundo, mas que nele está e não poderia sequer ser sujeito se não tivesse um corpo para se mover": S., p. 192; cf. EP, p. 327.
2) Sobre o sujeito humano que "*se* temporaliza", ver acima p. 80; PP, p. 484-489;
- A concepção da dúvida exposta acima, p. 78-80, evoca a fé perceptiva de SNS, p. 188, nota 1, e V, p. 48 e ss.

Décima primeira aula: *Matéria e memória*, o novo e o positivo nas análises do primeiro capítulo
1) Sobre Bergson, Kant e o ponto P: SC, p. 215.
2) Sobre a "imagem pura": SC, p. 208.
3) Sobre o ser do percebido: SC, p. 109-111; S, p. 232-234; cf. EP, p. 293-296.
4) Sobre a relação do presente com o passado, ver acima, p. 104-105. PP, p. 417-418 e 472-473.

Décima segunda aula: O segundo capítulo de *Matéria e memória*

1) Sobre a "projeção" das lembranças em Bergson: SC, p. 209.
2) Sobre o corpo e o tempo: PP, p. 93-94.
3) Sobre as duas memórias em Bergson: PP, p. 211-212.

Décima quarta aula: Comentário de texto: a definição da existência

- Em EP, p. 21-23 [Aula inaugural no Collège de France], Merleau-Ponty devia interpretar a obra de Bergson com uma simpatia acrescida e reconhecer na teoria bergsoniana da existência a "profusão" e o "balanceio" mencionados acima, p. 127

Décima quinta e décima sexta aulas: "Buscar a experiência em sua fonte"; "As relações entre a intuição e a construção em metafísica": Bergson.

- Ver notadamente SNS, p. 194, nota 1 (sobre *A introdução à metafísica* e as "linhas de fatos"), S, p. 232; cf. EP, p. 292-293 (sobre a extensão da experiência de si mesmo), EP, p. 29-31 (sobre o sentido da "intuição" bergsoniana), e RC, p. 109-111 (sobre a teoria bergsoniana da natureza e o "sentido válido" do positivismo bergsoniano).

- VI, p. 168-169, recusa a ideia de uma "fusão com as coisas".

– Nas páginas 64-65 de *Merleau-Ponty, sa vie, son œuvre*, André Robinet ressituou a obra de Maurice Merleau-Ponty na tradição de Malebranche, de Maine de Biran e de Bergson, como um "ocasionalismo da imergência e da encarnação" (*op. cit.*, p. 65).

Apêndice: Os sentidos e o inconsciente

– Sobre a verdadeira natureza do inconsciente: SC, p. 191-195.

Índice onomástico

Índice analítico

Este livro foi composto com tipografia Bembo e impresso
em papel Off White 70 g/m² na Formato Artes Gráficas.